KB267050

장애학생의 대인관계 향상을 위한 프로그램 메뉴얼

'(친구들과) 함께, (학급원들과) 또 함께'

장애학생의 대인관계 향상을 위한 프로그램 메뉴얼

'(친구들과) 함께, (학급원들과) 또 함께'

한국학교사회복지사협회 · PARADISE 파라다이스 복지재단

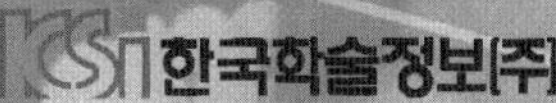

KSI 한국학술정보(주)

차례

PART I

프로그램 계획서

프로그램 계획서

1. 프로그램명:

장애학생의 대인관계 향상을 위한 '(친구들과)함께, (학급원들과)또 함께'

2. 시행 배경

1) 통합교육의 실태

최근 10년 동안 우리나라에도 통합교육에 대한 움직임이 활발하게 일어나고 있다. 교육인적자원부의 '2005년도 특수교육실태조사서'에 따르면 전국적으로 총 3,724개교 4,697학급의 특수학급이 운영되고 있다. 이 중 초등학교는 2,698개교 3,393학급(77.5%)이 설치되어 있고 중학교는 715개교 852학급(19.1%)이 설치되어 있어 특수학급이 설치되어 있는 학교의 96%가 초/중학교에 집중되어 있음을 알 수 있다.

2) 통합교육으로 인한 실태

이와 같이 특수학급의 증설로 대표되는 통합교육의 활성화는 시행과정에서 여러 가지 문제점이 나타나고 있다. 물론 '특수교육보조원제도'와 같은 보완책을 실시하고는 있지만 실제 학교현장에서는 교사와 기존의 비장애학생들이 장애학생과 '함께'해 본 경험이 없는 것에서 생겨나는 선입견으로 인해 집단따돌림이나 학교폭력의 대상이 되기도 하고, 실제 특수학급 증설의 취지와는 달리 원적학급에서는 배제된 채, 특수학급에서만 하루 종일 생활하는 현상이 나타나기도 한다.

3) 학교사회복지사의 증가

2006년 12월 기준, 약 200여 개 학교에서 연구학교나 시범학교 등의 형태로 학교사회복지사가 근무를 하고 있다. 즉 학교 체계 내에서 사회복지사가 학생과 교사, 학부모에게 직접적으로 사회복지서비스를 제공하고 있는 것이다. 특히 그 120여 개 학교에는 특수학급이 설치되어 있는 학교들도 대다수 존재하며, 꼭 특수학급이 아니더라도 비장애학생들 사이에서 종종 장애학생들이 관찰되어 학교사회복지사가 개입하고 있는 사례들도 찾아볼 수 있다.

4) 학교사회복지사의 장애학생 대상 서비스 제공의 가능성

통합교육이 활발해지면서 장애학생의 학교적응을 위해 특수교사와 지역사회복지관이 연계하여 다양한 프로그램을 하고 있는 경우가 눈에 띄게 증가하고 있다. 하지만 지역사회복지관의 경우, 해당 프로그램이 끝난 후 실제 프로그램에 참여했던 장애학생이 학교생활에 얼마나 잘 적응하고 있는지에 대한 사후관리를 한다는 것이 현실적으로 어려운 경우가 많다. 즉

그러한 프로그램은 프로그램 자체보다도 프로그램이 종결된 이후의 과정이 보다 중요할 수 있는데, 그러한 부분을 학교사회복지사가 함께한다면 충분히 보완할 수 있을 것이라 생각한다. 학교사회복지사는 늘 학교에 상주하고 있어 장애학생과 비장애학생의 일상적인 상호작용을 직접 눈으로 관찰하고 개입할 수 있으므로 사후관리에 용이한 위치에 있다. 또한 교사와의 연계도 용이하므로 보다 체계적인 접근을 시도할 수 있다.

3. 목적 및 목표

1) 목 적

학교 내에서 장애학생과 비장애학생이 함께할 수 있는 건전한 놀이문화 형성을 돕고, 장애학생의 학교적응을 위한 학교사회복지사 개입의 역할모델을 만든다.

2) 목 표

(1) 장애학생과 비장애학생이 긍정적인 또래관계를 형성한다.
  ① 장애학생을 위한 학급 내 support group을 형성한다.
  ② 프로그램에 다양한 놀이활동을 도입하여 장애학생과 비장애학생이 자연스럽게 어울릴 수 있는 기회를 마련한다.

(2) 장애학생의 학교적응을 위한 특수교사 – 일반교사 – 학교사회복지사 협력체계를 구축한다.
  ① 장애학생의 학교적응에 중요한 역할을 하는 특수교사, 일반교사와 정기적인 만남을 갖는다.

② 프로그램 후 정기적인 사후관리를 통해 프로그램 효과를 지속시킨다.

4. 프로그램 구조

1) 프로그램 구조

단 계		내 용	대 상	양 식
준비단계		support group 조직 담임교사, 특수교사면담, 장애학생면담	담임교사 특수교사	− 관계망설문지 − 면접지
사전 단계	1회기	support group과의 관계형성	support group	− 집단활동기록지
	2회기	장애학생과 supoort group과의 관계형성	support group＋장애학생	− 집단활동기록지
진행 단계	3회기~ 5회기	학급개입 1회~3회 (놀이)	원적학급	− 활동종이, 평가서 − 집단활동기록지
	6회기	학급개입 4회 (총정리)	원적학급	− 평가서 − 집단활동기록지
평가	중간 평가	학급개입활동에 대한 중간평가 & 사후계획 수립하기	담임교사, 특수교사, 보조진행자	− 관계망설문지
사후 단계	7회기	활동계획 수립하기	support group	− 활동계획종이 − 활동일지−사후모임 − 집단활동기록지
	8회기	supoort group과 장애학생 간의 관계형성	support group＋장애학생	− 활동일지 − 집단활동기록지
	9회기	활동점검 및 지지하기	support group	− 활동일지 − 집단활동기록지
	10회기	supoort group과 장애학생 간의 관계형성	support group＋장애학생	− 활동일지 − 집단활동기록지
평가	총평가	프로그램 총평가	담임교사, 특수교사, 보조진행자	− 평가서 (교사용, 장애학생용, support group용) − 최종보고서

5. 세부프로그램 계획서

1) 프로그램 기본설명

(1) 필요인력 및 담당역할

인　력	역　할	세　부　내　용
학교사회복지사	프로그램 총괄	- 대상자선정 및 사후관리 - 프로그램 진행 및 평가 - 교사-사회복지사 간의 협력체계 구축
담임교사	프로그램 협조	- 관계망설문조사 협조 - support group 선정 협조 - 학급개입프로그램 협조 - 장애학생의 원적학급 생활 관찰 협조
특수교사	프로그램 협조	- 대상자 선정 협조 - 장애학생의 특수학급 내 생활 관찰 협조
자원봉사자	프로그램 협조	- 전체프로그램보조진행 - 학급개입 시 학급 구성원들의 상호작용을 이끌어내고, 프로그램 진행을 보조해 주는 역할 - 2-3명 정도 있을 경우 프로그램 진행이 보다 원활

(2) 유의사항

① 본 프로그램은 프로그램을 매개로, 궁극적으로 프로그램이 끝난 이후의 장애학생의 원적학급적응능력을 향상하는 것이 주된 목적입니다. 따라서 프로그램 이후의 학교사회복지사의 지속적인 관찰과 적절한 개입이 중요합니다.

② 기본적인 매개체는 '놀이'와 '학급개입', 'support group 활동'의 세 가지로 볼 수 있습니다.

③ 학급개입의 목적은 '장애학생과 비장애학생 간의 상호작용 빈도 수 증가'와 '학급구성원들 간의 긍정적인 상호작용 빈도수를 높여 학급 전체의 분위기를 긍정적으로 변화시키는 것'으로 나누어 생각해 볼 수 있습니다.

④ '놀이'를 통해 참가자들이 자연스럽게 어울릴 수 있는 기회를 만드는 것이 중요합니다. 이때의 놀이는 다양한 형태로 적용이 가능하며 인지 중심적인 놀이보다는 신체접촉이 많은 놀이를 주로 사용하였습니다.

⑤ 'support group'은 학급개입 프로그램 진행 시 자칫 놀이에서 소외될 수 있는 장애학생이 자연스럽게 놀이에 참여하도록 돕는 역할을 하게 됩니다. 또한 학급개입 프로그램이 끝난 이후에 장애학생이 원적학급에 잘 적응할 수 있도록 지속적인 활동을 펼치게 됩니다.

⑥ 학급개입 프로그램이 진행될 때, 프로그램 전에 support group 아이들과 미리 진행될 프로그램의 방법과 내용에 대한 논의를 하시면 실제 진행에 도움이 됩니다.

⑦ 프로그램을 시작하기 전 특수교사와 원반교사와의 충분한 면담을 통해 장애학생의 특성에 대해서 명확하게 이해한 후 프로그램을 시작해야 합니다. 장애학생의 경우 특수학급에서의 생활태도와 원반에서의 생활태도가 확연하게 다른 경우들이 있으므로 그런 부분들에 대한 사전 지식이 필요하며, 장애학생이 가지고 있는 장애가 학생의 학교생활에 어떤 영향을 미치고 있는지에 대한 이

해가 필요합니다.

⑧ 또한 장애학생과의 개별적인 만남을 통해 장애학생이 프로그램에 적극적으로 참여할 수 있도록 동기유발하는 것이 필요합니다.

⑨ 4회라는 단기간의 개입으로 학급의 상호작용을 관찰하고 조정해야 하므로 많은 에너지가 투여됩니다. 따라서 학교의 상황에 따라 보조인력을 적절하게 활용하는 것이 중요합니다.

⑩ 초등의 경우, 담임교사의 영향력이 매우 크기 때문에, 담임교사와 긴밀한 협력관계를 맺는 것이 무척 중요합니다.

⑪ 한 회기의 시간은 초등의 경우 40분, 중등의 경우 45분입니다. 학급에 개입하기에는 사실 짧은 시간입니다. 가능하다면 60분 정도의 프로그램으로 활용하는 것이 좋습니다.

⑫ 프로그램을 진행하다 보면 장애학생 개인의 행동이 문제시되는 경우가 있습니다. 장애학생의 과잉행동 등이 문제가 될 경우 특수교사의 도움을 받아 개별적인 접근을 병행하는 것이 필요합니다.

⑬ 초등의 경우 4, 5학년(6학년의 경우 금방 졸업을 해버리기 때문에 사후효과를 관찰하기가 어렵습니다), 중등의 경우 1, 2학년이 주 적용대상입니다.

2) 세부실행단계

(1) 사전단계

과 정	내 용	유 의 사 항	준비물
특수교사 협의	프로그램 대상자를 선정한다.	- 특수교사가 프로그램의 목적을 명확히 이해할 수 있도록 한다. - 대상학생의 특성을 명확하게 파악한다. - 장애가 아주 심하지 않으면서 원적학급 적응(사회성 부족 등의 문제로)에 어려움을 겪고 있는 장애학생을 선정한다.	- 초기 면접지
담임교사 협의	대상학생의 담임교사와 프로그램의 진행절차를 협의한다.	- 담임교사가 프로그램의 목적을 이해하고 협조할 수 있도록 한다. - 학급개입프로그램 4회 실시여부를 명확하게 한다. (프로그램가능시간, 담임 참여여부 등) - 현재 학급의 분위기, 회장/부회장, 현재 장애학생과 우호적(적대적)인 관계를 맺고 있는 학생이 누구인지 등의 주요구성원에 대한 정보를 얻는다. - 원반교사의 장애학생에 대한 생각이 어떤지 알아본다.	- 프로그램 계획서 - 학급 명렬표
support group 형성	support group을 형성한다.	- '명부선택방법'을 활용하여 학급의 관계망을 조사한다. - 조사결과를 바탕으로 그룹을 형성한다. 장애학생에게 우호적인 태도를 가지고 있는 것으로 나타난 학생, 전반적으로 학급 구성원과 긍정적인 관계망을 형성하고 있는 것으로 나타난 학생이 대상이 된다. - 그룹은 남/여 성비가 고른 것이 좋으며 담임교사에게 얻은 정보를 그룹형성에 반영할 수 있다. - 규모는 5-6명 정도가 적당하다. - 설문조사 시 학생들이 편안하고 솔직하게 응답할 수 있도록 하고, 장난으로 표시하지 않도록 유의한다. (이를 위해서 사회복지사가 직접 교실에 들어가 설문조사를 할 수도 있다.) - 사회복지사가 그룹을 형성한 후, 담임교사와 그룹구성원들의 성향에 대해 최종적으로 의견을 나누는 것도 좋은 방법이 될 수 있다.	- 관계망 설문지
장애학생과 관계 형성	장애학생과 관계를 형성한다.	- 프로그램의 효과를 최대화하기 위해서는 사회복지사가 장애학생과 관계를 형성하는 것이 중요하다. 따라서 프로그램 시작 전 장애학생과의 사전 만남을 통해 라포를 형성하는 것이 도움이 된다.	

(2) 회기별 프로그램계획

【1회-우리는 Supporters !!】

프로그램명	우리는 Supporters		담당자	학교사회복지사		
대상	support group		장소	사회복지실		
일시	2006 년 월 일 (요일) : - : (45분간)					
목적	앞으로의 활동에 대한 기대감을 갖고, 프로그램담당자와 라포를 형성한다.		목표	supporter로서의 역할을 이해하고, 동기를 부여한다.		
협조 및 역할분배	자원봉사자-참가자들이 프로그램에 적극적으로 참여할 수 있도록 돕는다.					

진행내용 및 순서	소요 시간	준비물	협조자	비고
1. 도입 1) 참가자가 모두 모이면 프로그램 담당자를 소개한다. 2) 참가자들의 자기소개를 들어 본다. 3) 오늘 모인 이유에 대해 간략하게 설명한다.	10분	참가자 명단, 이름표, 약간의 간식	자원 봉사자	
2. 활동 1: "나는 00한 000입니다." 1) 참가자들에게 A4 한 장씩을 나누어 준 후, 형용사를 이용해 자신을 표현해 보도록 한다. (예: 나는 꿈이 많은 000입니다) 2) 참가자들이 모두 작성하면 돌아가면서 발표를 한다.	10분	활동 종이 사인펜	자원 봉사자	
3. 활동 2: "우리 반 000" 1) 참가자들과 장애학생에 대해 자유롭게 이야기해 본다. 2) 어느 정도 이야기가 나오면 전지나 화이트보드를 활용하여 장애학생의 장점과 단점, 참가자들이 생각할 때 도움을 줄 수 있다고 생각되는 것들을 적어 본다. 3) 이야기 나온 것을 바탕으로 앞으로 진행될 프로그램에서 참가자들이 어떤 역할을 해야 하는지를 알려 준다.	20분	전지 (화이트보드) 매직	자원 봉사자	
4. 마무리 1) 참가자들의 참여소감을 들어 보고 다음회기를 안내한 후, 프로그램을 마무리한다.	5분		자원 봉사자	

** 운영 TIP **

1. 프로그램 첫 시간의 중요성은 굳이 말하지 않아도 다 아시리라 생각합니다. 참가자들이 프로그램에 적극적으로 참여할 수 있도록 하는 노하우를 다양하게 적용하실 수 있습니다.

2. 첫 번째 활동은 미리 A4용지에 "나는 00한 000(본인이름)입니다"를 예쁘게 출력해서 나누어 주시면 좋습니다. 00에 해당하는 말을 넣는 것이 쉽지는 않지만 참가자들의 성향을 알 수 있어서 자주 사용하는 활동입니다. 00한에 해당하는 형용사를 찾는 게 어려운 참가자들에게는 굳이 형용사가 아니라 "만화를 좋아하는", "게임이 없으면 살지 못하는"…… 등의 서술형으로 넣게 하셔도 좋습니다.

3. 두 번째 활동에서는 사회복지사의 역할이 매우 중요합니다. 아이들이 같은 반 장애학생에 대해서 어떻게 생각하고 있는지 자유롭게 표현해 볼 수 있도록 도와주시고, 그 친구가 좀 더 즐겁게 학교생활을 하려면 어떤 방법이 있겠는지 생각해 볼 수 있는 시간으로 활용하시면 좋겠습니다.

4. 다음 시간에는 장애학생도 함께 참여하게 됨을 알려 주시고, 아이들이 너무 부담스러워하지 않도록 배려해 주시기 바랍니다.

【2회 – 이제 시작이야】

프로그램명	이제 시작이야	담당자	학교사회복지사		
대상	support group, 장애학생	장소	사회복지실		
일시	2006 년 월 일 (요일) : – : (45분간)				
목적	장애학생과 비장애학생 간에 라포를 형성한다.	목표	장애학생과 비장애학생이 함께 놀이에 참여하는 방법을 익힌다.		
협조 및 역할분배	자원봉사자 – 참가자들이 프로그램에 적극적으로 참여할 수 있도록 돕는다.				

진행내용 및 순서	소요 시간	준비물	협조자	비고
1. 도입 1) 함께하게 된 장애학생들이 자기 소개하는 시간을 갖는다. 2) 활동내용을 소개한다.	10분	이름표, 약간의 간식	자원 봉사자	
2. 활동 1: 내 친구를 소개합니다. 1) 제비뽑기 등을 이용해 둘씩 짝을 짓는다. 2) 미리 준비해 둔 질문용지를 한 장씩 뽑는다. 3) 서로 자신의 짝에게 질문용지를 바탕으로 질문을 던지면서 인터뷰를 한다. 4) 역할을 바꿔 시행한 후, 자신이 인터뷰한 친구를 다른 사람들에게 소개한다.	15분	A4 용지 사인펜 질문 용지	자원 봉사자	
3. 활동 2: 빈 의자 채우기 1) 참가자들은 원으로 둘러앉는다. 의자는 사람 수보다 하나 많게 배치한다. 2) 빈 의자의 양옆에 앉은 아이 두 명이 "손을 잡고", 다른 의자에 앉은 아이 한 명을 빈 의자에 데려와 앉힌다. 이때, 반드시 두 명이 동일한 인물을 데려와야 한다. 3) 다시 빈 의자의 양옆에 앉은 아이 두 명이 같은 행동을 반복한다. 4) 몇 차례 연습을 해본 후에 시간을 제한하고 (1분 정도) 제한시간이 끝난 후 빈 의자의 양옆에 앉은 사람들이 벌칙을 받는다.	15분	의자	자원 봉사자	
4. 마무리 1) 활동소감을 들어 보고 마무리한다.	5분		자원 봉사자	

** 운영 TIP **

1. support group이 활동을 처음으로 함께하게 되는 시간입니다. 이 시간을 통해 놀이를 할 때 자신들이 장애학생을 어떻게 도와주면 되는지 경험해 볼 수 있도록 안내해 주시면 됩니다.

2. 첫 번째 활동 시 장애학생은 질문하는 것과 대답하는 것에 서툴 수 있습니다. 짝을 이룬 비장애학생이 당황하거나 짜증내지 않도록 옆에서 함께하는 요령을 알려 주시기 바랍니다.

3. 두 번째 활동 시에는 골고루 벌칙을 받을 수 있도록 하고, 벌칙은 참가자들이 사전에 협의하여 결정하는 것이 좋습니다. 또한 “손을 잡고”라는 규칙을 꼭 지키도록 하며 소외되는 아이들이 없이 놀이에 참여할 수 있도록 진행자가 유도하는 것이 중요합니다. 또한 장애학생이 놀이를 정확하게 이해하지 못할 수 있으므로, 반복적으로 설명을 해 주는 것이 필요하며, 장애학생과 손을 잡지 않으려는 비장애학생이 있을 수 있으므로 주의하시기 바랍니다.

【3회 - 우리, 친하게 지내면 안 되겠니~】

프로그램명	우리, 친하게 지내면 안 되겠니~	담당자	학교사회복지사
대 상	원적학급 전체	장 소	원적학급
일 시	2006 년 　월 　일 (요일) 　: 　- 　: 　(45분간)		
목 적	같은 반으로서의 공동체 의식을 갖고, 상호작용의 범위를 넓힌다.	목 표	다양한 친구들과 상호작용하는 기회를 갖는다.
협조 및 역할분배	자원봉사자 - 참가자들이 프로그램에 적극적으로 참여할 수 있도록 돕는다.		

진행내용 및 순서	소요 시간	준비물	협조자	비고
1. 도입 1) 프로그램 진행자와 보조진행자를 소개한다. 2) 프로그램의 일정과 목적을 소개한다. 3) 프로그램 진행 시 지켜야 할 간략한 규칙을 소개한다.	10분	프로그램 일정 규칙판	자원봉사자	
2. 활동 1: 서명받기 1) 참가자들에게 서명종이를 나누어 준다. 2) 종이를 보면서 활동방법을 설명해 준다. 3) "서로 다른" 10명에게 서명을 받아야 함을 알려 준다. 4) 완성한 사람에게는 사탕을 하나씩 준다. 5) 끝까지 완성하지 못하는 사람은 이미 완성한 친구들이 도와 완성할 수 있도록 한다.	15분	서명 종이 펜 사탕	자원봉사자	
3. 활동 2: 짝을 찾아요 1) 4인1조로 짝을 이룬다. 2) 각 조별로 A4 용지 한 장씩을 나누어 준 후, 구성원들의 닮은 점과 차이점을 5가지씩 찾아보도록 한다. 3) 완성되면 4모둠 정도 발표를 해본다. 4) 장애학생이 있는 모둠은 장애학생이 소외되지 않도록 유의한다.	15분	닮은 점 찾기 종이	자원봉사자	
4. 마무리 1) 활동지를 작성하고, 2 - 3명 정도 소감을 들어 본 후 마무리한다.	5분	활동지	자원봉사자	

**** 운영 TIP ****

---

1. 학급 개입 첫 시간입니다. 학생들에게 설명할 때에는 '즐거운 학급생활'을 위한 활동이라고 소개해 주시면 무난할 것 같습니다. 앞으로 3회 동안 어떤 내용의 활동이 진행되는지, 참가자들이 어떤 태도로 참여해 주었으면 좋겠는지에 대한 사회복지사의 바램을 간략하게 말씀해 주시고, 아이들과 함께 규칙을 2-3가지 만들어 보시면 좋습니다. 우드락이나 ppt를 이용하여 그날의 활동내용과 규칙 등을 보여 주시면 참가자들의 프로그램에 대한 집중도를 높일 수 있습니다.

2. 첫 번째 활동을 통해서는 장애학생과 비장애학생의 상호작용 정도를 관찰하실 수 있습니다. 특히 support group이 장애학생의 활동을 도와줄 수 있도록 유도해 주시고, 마지막까지 남게 될 경우에 장애학생 주변의 학생들이 장애학생의 서명종이를 완성하는 데 도움을 줄 수 있도록 해 주시기 바랍니다. 모든 학생이 이 활동을 완수할 수 있도록 하는 것이 중요합니다.

3. 두 번째 활동에서는 장애학생이 있는 모둠의 발표내용에 관심을 가져 주시기 바랍니다. 간혹 '차이점'을 작성할 때 '장애'가 있다는 것이 나올 수 있습니다.
   (예: 우리 모둠은 '애자'가 없다 / A(장애학생)는 장애인이고 나머지는 아니다.)이럴 경우에는 학생들이 '장애'자체에 초점을 두기보다는 사람들은 모두 '다른 점'(개성이라는 개념을 활용하시면 학생들이 더 이해하기 쉽습니다)이 있는 것이라는 걸 알 수 있도록 해 주시기 바랍니다.

4. 활동지를 작성할 때, 아이들이 단순히 '재미있었다'라고 작성하는 경우가 많습니다. 너무 간략하고 획일화되지 않게 적도록 해 주시기 바랍니다.

5. '보상'을 적절히 활용하셔서 프로그램 운영의 묘를 살리시기 바랍니다.

【4회 – 조금 더 가깝게】

프로그램명	조금 더 가깝게	담당자	학교사회복지사	
대 상	원적학급 전체	장 소	강당 / 원적학급	
일 시	2006 년 월 일 (요일) : - : (45분간)			
목 적	보다 직접적인 접촉을 통해 친밀감을 형성한다.	목 표	장애학생과의 신체적 접촉을 꺼리지 않는다. 다양한 학생과의 상호작용 기회를 갖는다.	
협조 및 역할분배	자원봉사자 – 참가자들이 프로그램에 적극적으로 참여할 수 있도록 돕는다.			

진행내용 및 순서	소요시간	준비물	협조자	비고
1. 도입 1) 지난 시간 했던 내용과, 지켜야 할 규칙에 대해 다시 한번 생각해 본다. 2) 이번 시간 진행될 내용을 설명한다.	10분	프로그램 일정, 규칙판	자원봉사자	
2. 활동 1: 걷다가 인사하기 1) 소고반주에 맞추어서 자유롭게 걷다가 리더가 신호를 보내고 부르는 신체부위를 둘씩 짝지어서 맞댄다. 예를 들면 무릎과 무릎(한 사람의 무릎과 다른 사람의 무릎이 닿게 한다), 손바닥과 등, 팔꿈치와 손바닥 등 2) 다시 걷다가 '거미줄' 하고 부르면 거미줄처럼 모든 사람들이 엮어서 하나의 거미줄처럼 엮이게 한다. 손, 발 등 온몸을 이용해서 거미줄을 연결할 수 있다. 3) 3 – 4회 반복해 본다.	15분	소고 등의 타악기 (음악)	자원봉사자	
3. 활동 2: 나, 너, 우리 1) 걷다가 리더가 '나'라고 하면 1명, '너'라고 하면 두 명, '우리'라고 하면 세 명이 짝을 짓는다. 2) '나'라고 할 때, 리더가 마이크를 대면 "나는 000입니다"라고 말한다. 예를 들면 "나는 남들이 예쁘다고들 합니다", "나는 삼겹살을 좋아합니다" 등의 자기소개를 하는 한마디를 한다. 3) '너'라고 할 때, 둘은 이야기를 나누어 서로의 다른 점을 찾아 발표한다. 4) '우리'라고 할 때, 셋이 갖고 있는 공통점을 발견하여 발표한다.	15분	소고 등의 타악기 (음악)	자원봉사자	
4. 마무리 1) 활동지를 작성하고, 2 – 3명 정도 소감을 들어 본 후 마무리한다.	5분	활동지	자원봉사자	

** 운영 TIP **

1. 본 프로그램은 '강당'처럼 트인 곳에서 하는 것이 가장 좋습니다. 강당 사용이 여의치 않은 곳에서는 교실 책상을 한쪽으로 치우고 최대한 공간을 확보해서 진행하시기 바랍니다.

2. 강당에서 진행할 경우, 자칫 산만해질 수 있습니다. 학생들이 프로그램 진행자의 말에 귀 기울일 수 있도록 마이크를 사용하시면 좋고, 어느 정도 활동 반경을 정해 놓으시는 것이 좋습니다.

3. 첫 번째 활동은 학생들이 자신의 몸을 편안하고, 자유롭게 움직일 수 있도록 유도해 주시는 것이 중요합니다. 타악기 반주 대신에 경쾌한 음악을 사용하시는 것도 좋습니다.

4. 두 번째 활동은 3회기 때 했던 활동과 연결되는 부분으로, 자연스럽게 옆에 있는 친구와의 공통점(혹은 다른 점)을 그 자리에서의 짧은 대화를 통해 찾아낼 수 있도록 하는 것이 중요합니다. '나', '너', '우리'를 고르게 사용하시고, 가능한 많은 학생들이 발표를 해 볼 수 있도록 해 주시기 바랍니다. 이때 자칫 소란스러워질 수 있습니다. 다른 사람들의 이야기를 경청할 수 있도록 해 주세요.

5. 두 번째 활동은 다른 유형으로 활용하실 수 있습니다. 그 상황에서 공통점을 찾아 발표하는 것이 어렵겠다고 생각하실 경우, 미리 질문지를 주고 짝을 지은 친구에게 그중 한 가지 질문을 해서 서로 답변해 주고 발표하는 형식으로 진행하실 수 있습니다. 질문지는 매뉴얼 후반부에 예시로 제시되어 있습니다.

【5회 – 같이 해결해 볼까?】

프로그램명	같이 해결해 볼까?	담당자	학교사회복지사	
대 상	원적학급 전체	장 소	원적학급	
일 시	2006 년 월 일 (요일) : - : (45분간)			
목 적	학급 구성원으로서의 공동체 의식을 확립한다.	목 표	상대방의 행동과 언어에 집중한다. 공동으로 문제해결을 해본다.	
협조 및 역할분배	자원봉사자 – 참가자들이 프로그램에 적극적으로 참여할 수 있도록 돕는다.			

진행내용 및 순서	소요 시간	준비물	협조자	비고
1. 도입 1) 지난 시간 했던 내용과, 지켜야 할 규칙에 대해 다시 한 번 생각해 본다. 2) 이번 시간 진행될 내용을 설명한다.	5분	프로그램 일정, 규칙판	자원 봉사자	
2. 활동 1: 거울놀이 1) 둘씩 짝을 짓는다. 2) 한 사람은 움직이는 사람이 되고 한 사람은 거울이 되어, 진행자의 신호에 따라 한 사람이 움직임을 시작하면 거울인 사람은 그대로 행동을 따라한다. 3) 역할을 바꾸어서 수행해 보고, 2-3명 정도 나와서 해보도록 한다. 4) 느낌을 들어 본다.	10분		자원 봉사자	
3. 활동 2: 나도 상담사 1) 학교생활이 힘든 아이의 사례를 읽어 주고, 각자 그 아이의 고민을 해결하기 위한 방안을 2가지 정도씩 생각해 보도록 한다. (모둠별 활동 가능) 2) 나누어 준 '고민해결종이'에 자신의 생각을 적는다. 3) 5-6명 정도 의견을 들어 보고, 많은 사람들이 동의하는 의견을 정리해 본다. 4) 이러한 의견들이 학급 내에서 실천될 수 있도록 진행자가 지지해 준다.	20분	고민 해결 종이	자원 봉사자	
4. 마무리 1) 활동지를 작성하고, 2-3명 정도 소감을 들어 본 후 마무리한다.	10분	활동지	자원 봉사자	

** 운영 TIP **

1. 첫 번째 활동은 시간은 오래 걸리지 않습니다. 이 활동의 목적은 내가 상대방의 말과 행동, 눈빛에 얼마나 관심을 갖고 집중하는가에 대해 생각해 보기 위한 것입니다. 너무 장난으로 하거나 상대방이 흉내 내기 곤란한 행동만을 반복하는 경우가 있으므로 주의하시고, 조금은 진지하게 상대방을 따라해 볼 수 있도록 해 주시기 바랍니다. 잘하는 팀이 있으면 앞에 나와서 해보도록 하는 것도 좋습니다.

2. 두 번째 활동은 학급 구성원들이 다같이 머리를 맞대고 문제를 해결하기 위해 노력해 보는 것을 경험한다는 것에 의미가 있습니다. 사례에 대해 잘 생각해 볼 수 있도록 해 주시고, 사례에 나온 것과 같은 상황에 처해 있을 때, 나는 그 친구를 위해 어떤 도움을 줄 수 있을지 적어 보도록 해 주시기 바랍니다. 발표하는 과정에서 나오는 좋은 내용들은 다시 한 번 짚어 주셔서 학급 안에서 실천될 수 있도록 지지해 주시면 좋겠습니다.

3. 다음 시간에 그동안의 활동을 정리해 보고 학급활동은 종결된다는 것을 미리 알려 주시기 바랍니다.

【6회 - 수고하셨습니다~】

프로그램명	수고하셨습니다~	담당자	학교사회복지사
대 상	원적학급 전체	장 소	원적학급
일 시	2006 년 월 일 (요일) : - : (45분간)		
목 적	학급 구성원들 간의 긍정적인 상호작용이 증가한다.	목 표	그동안의 활동내용과 의미에 대해 다시 한번 생각해 본다.
협조 및 역할분배	자원봉사자 - 참가자들이 프로그램에 적극적으로 참여할 수 있도록 돕는다.		

진행내용 및 순서	소요시간	준비물	협조자	비고
1. 도입 1) 오늘이 마지막 활동임을 알린다. 2) 이번 시간 진행될 내용을 설명한다.	5분	프로그램 일정 규칙판	자원봉사자	
2. 활동 1: 활동 추억해 보기 1) 총 3회에 걸쳐 실시된 활동에 어떤 것들이 있는지 다시 생각해 본다. 2) 활동할 때 찍었던 사진 등을 이용해 시간 순서대로 참가자들이 자신들이 참여했던 활동을 기억할 수 있도록 한다. 3) 각각의 활동에 대해 어떤 기억을 가지고 있는지 들어 본다.	15분	사진 자료	자원봉사자	
3. 활동 2: 평가서 작성 1) 프로그램 평가서를 작성한다. 2) 주관식 문항도 정성껏 답변할 수 있도록 유도한다.	15분	평가서 간식	자원봉사자	
4. 마무리 1) 2-3명 정도 소감을 들어 본 후 마무리한다.	10분		자원봉사자	

** 운영 TIP **

---

1. 학급개입 마지막 프로그램입니다. 짧은 시간이었지만 그동안 했던 활동의 의미를 함께 생각해 보고, 긍정적인 부분들을 학교사회복지사가 지지해 주는 것이 필요합니다.

2. 이 활동은 참가자들이 활동을 보다 정확하게 평가하는 것을 돕기 위한 활동입니다. 그동안의 활동을 다시 기억해 보는 시간에는 그냥 말로 떠올리는 것보다 구체적인 시각 자료가 있으면 좋습니다. 활동할 때 찍어 두었던 사진이나 동영상을 함께 보면서 활동을 떠올려 보면서 서로 피드백을 주고받으시기 바랍니다.

3. 그동안 활동에 열심히 참여한 참가자들을 격려해 주시고 지지하시는 것 잊지 마세요!!!

(3) 사후단계

〈support group 활동 계획〉

**** 운영 TIP ****

---

1. 학급개입이 끝난 후, 본격적으로 support group이 활동하게 됩니다. 학급개입 때의 경험을 바탕으로 하여 support group이 자신들의 역할을 정해 나갈 수 있도록 도와주시고, 지지해 주시는 역할을 하시면 됩니다.

2. 이 활동은 학교의 상황에 맞추어 융통성 있게 실시하셔도 좋습니다. 여기에 제시되는 내용은 '참고용'으로 활용하시면 좋겠습니다. 학급개입이 끝난 후, 주1회씩 4−5회 정도 사후모임을 가지시는 것을 권장합니다. 이때의 모임은 굳이 구조화되어 있지 않아도 괜찮습니다. 아이들과 자연스럽게 현재 학급에서 장애학생의 적응정도를 점검해 보시고, 아이들이 장애학생을 '돕는' 역할을 수행함에 있어서 어려운 점이 어떤 부분이 있는지, 장애학생을 중심으로 학급에서 일어나고 있는 문제 상황에는 어떤 것이 있는지, 또 이전에 비해 좋아지고 있는 것은 무엇인지 등에 대해 공유하는 시간으로 활용하시기 바랍니다.

3. 첫 모임에서는 아이들과 4회에 걸쳐 이루어진 학급활동에 참여하면서의 느낌을 공유하시고, '활동계획세우기' 종이를 활용하여 앞으로의 계획을 세울 수 있도록 도와주시면 됩니다. '활동계획 세

우기'에는 상황에 따라 추가 문항을 넣으셔도 좋습니다.

4. 총모임 횟수 중 절반정도는 장애학생과 함께 하는 프로그램을 활용하시면 좋습니다. 또한 지속적으로 장애학생과의 관계형성을 해나가시는 것이 중요합니다.

5. 활동일지는 미리 나누어 주셔서 그때그때 적도록 하셔도 좋고, 모임이 있을 때 와서 한꺼번에 적도록 하셔도 좋습니다.

6. 모임 종결 시기는 학교상황에 따라 다를 수 있을 것 같습니다. 공식적인 종결 이후에도 지속적으로 'supporter'로서의 역할을 수행할 수 있도록 관심 가져 주시기 바랍니다.

** 운영 예시 **

	대 상	내 용	비 고
1	support group	- 학급개입 후 느낌 공유하기 - 계획세우기	- 계획종이작성 - 활동일지설명
2	support group, 장애학생	- 놀이를 통한 관계형성프로그램	- 활동일지점검
3	support group	- 활동일지 점검하기	- 활동일지점검
4	support group, 장애학생	- 놀이를 통한 관계형성프로그램 - 종결	- 활동일지점검 - 평가서1 작성

6. 평 가

평 가 지 표		평 가 방 법 (측정도구 및 방법)	비 고
양적평가	장애학생 설문지	- 활동 평가 설문지	- 설문지 분석
	support group 설문지	- 참가 평가 설문지	
	학급원 설문지	- 활동 평가 설문지 - 관계망 설문지(ucinet을 이용한 분석)	
	교사 설문지	- 장애학생 학교생활 변화 인식 설문지	
질적평가	집단과정기록지	- 학교사회복지사의 소집단, 학급활동 진행일지	- 기록지 분석
	장애학생 면담 기록지	- 프로그램 효과에 대한 장애학생 심층 면접	
	suuport group 활동일지	- supoort group의 활동일지를 통한 프로그램 효과에 대한 심층 분석	
	교사 면담 기록지	- 장애학생의 학교생활에 대한 담임교사 심층 면접	

7. 관련 양식

1) 면접양식

- 프로그램을 시작하기 전, 장애학생과의 면접, 특수교사와의 면접, 원적학급교사와의 면접과정에서 꼭 알아 두어야 할 것들을 정리했습니다. 면접과정에 참고하시기 바랍니다.

〈초기 면접지〉

<table>
<tr><td>일 시</td><td colspan="2"></td><td>장 소</td><td></td></tr>
<tr><td>성 명</td><td>한 글</td><td></td><td>성 별</td><td>남 / 여</td></tr>
<tr><td>학년 / 반 / 번</td><td colspan="2"></td><td>생년월일</td><td></td></tr>
<tr><td rowspan="2">장애명</td><td colspan="4">
□ 시각장애 (　　　　) 　　□ 지체장애 (　　　　)
□ 언어장애 (　　　　) 　　□ 청각장애 (　　　　)
□ 정신지체 (　　　　) 　　□ 정신장애 (　　　　)
□ 발달장애 (　　　　) 　　□ 심장장애 (　　　　)
□ 신장장애 (　　　　) 　　□ 기타 (　　　　)
</td></tr>
<tr><td colspan="4">- 중복장애일 경우 모두 표시해 주시고, 주된 장애가 무엇인지 표시하세요.</td></tr>
<tr><td>약물복용
여부</td><td colspan="4">① 복용하지 않음
② 복용함 (복용하는 약물 이름:　　　　　　　)</td></tr>
<tr><td>경제상황</td><td colspan="4">□ 상 　　□ 중 　　□ 하 　　□ 기타 (　　　　)
□ 국민기초생활수급권</td></tr>
<tr><td>주거상황</td><td colspan="4">□ 자가 　□ 전세 　□ 월세 　□ 영구임대 　□기 타(　　　)</td></tr>
<tr><td>가족관계</td><td colspan="4"></td></tr>
<tr><td>인지능력</td><td colspan="4"></td></tr>
<tr><td>행동장애</td><td colspan="4"></td></tr>
<tr><td>의사소통 정도</td><td colspan="4"></td></tr>
<tr><td>사회성</td><td colspan="4"></td></tr>
<tr><td>또래와의 관계
(특수학급)</td><td colspan="4"></td></tr>
<tr><td>또래와의 관계
(원적학급)</td><td colspan="4"></td></tr>
<tr><td>기타</td><td colspan="4"></td></tr>
</table>

2) 관계망 설문지

본 프로그램을 평가하는 방법 중 하나인 '관계망 설문지'는 UCINET 프로그램을 통해 학급 내의 관계망을 분석하기 위해 제작된 것입니다. 6가지 항목으로 이루어져 있으며, 해당되는 이름에 체크하도록 되어 있습니다. 학급개입을 시작하기 1주일 전쯤 사전 조사를 시행해 주시고, 학급개입이 끝나고 1주일 후쯤 사후 조사를 시행하는 것이 적절합니다.

〈관계망 설문지〉

** (   )학년 (   )반 (   )번   이름: (   )
** 기록일: 2006년 (   )월 (   )일

다음은 우리 반 친구 사이에 관한 질문입니다. 솔직하고 정확하게 V표를 해 주세요. 이 설문의 내용은 절대 공개되지 않습니다. 마음 편히 표시해 주시기 바랍니다.

1. 우리 반에서 내가 좋아하는 친구들은 누구인가요? 이름에 모두 V표 하세요.

1	2	3	4	5	6	7	8	9	10	11	12	13	14	15	16	17	18	26	27	28	29	30	31	32	33	34	35	36	37	38	39	40	41
김	김	김	민	박	백	복	손	유	윤	이	이	임	정	최	최	최	이	권	김	김	김	민	박	송	이	이	정	정	정	조	허	허	홍
○	○	○	○	○	○	○	○	○	○	○	○	○	○	○	○	○	○	○	○	○	○	○	○	○	○	○	○	○	○	○	○	○	○
○	○	○	○	○	○	○	○	○	○	○	○	○	○	○	○	○	○	○	○	○	○	○	○	○	○	○	○	○	○	○	○	○	○

2. 우리 반에서 내가 싫어하는 친구들은 누구인가요? 이름에 모두 V 표 하세요.

1	2	3	4	5	6	7	8	9	10	11	12	13	14	15	16	17	18	26	27	28	29	30	31	32	33	34	35	36	37	38	39	40	41
김	김	김	민	박	백	복	손	유	윤	이	이	임	정	최	최	최	이	권	김	김	김	민	박	송	이	이	정	정	정	조	허	허	홍
○	○	○	○	○	○	○	○	○	○	○	○	○	○	○	○	○	○	○	○	○	○	○	○	○	○	○	○	○	○	○	○	○	○
○	○	○	○	○	○	○	○	○	○	○	○	○	○	○	○	○	○	○	○	○	○	○	○	○	○	○	○	○	○	○	○	○	○

3. 우리 반에서 내가 이야기를 많이 하는 친구들은 누구인가요? 이름에 모두 V표 하세요.

1	2	3	4	5	6	7	8	9	10	11	12	13	14	15	16	17	18	26	27	28	29	30	31	32	33	34	35	36	37	38	39	40	41
김	김	김	민	박	백	복	손	유	윤	이	이	임	정	최	최	최	이	권	김	김	김	민	박	송	이	이	정	정	정	조	허	허	홍
○	○	○	○	○	○	○	○	○	○	○	○	○	○	○	○	○	○	○	○	○	○	○	○	○	○	○	○	○	○	○	○	○	○
○	○	○	○	○	○	○	○	○	○	○	○	○	○	○	○	○	○	○	○	○	○	○	○	○	○	○	○	○	○	○	○	○	○

4. 우리 반에서 내가 이야기하기 싫은 친구들은 누구인가요? 이름에 모두 V표 하세요.

1	2	3	4	5	6	7	8	9	10	11	12	13	14	15	16	17	18	26	27	28	29	30	31	32	33	34	35	36	37	38	39	40	41
김	김	김	민	박	백	복	손	유	윤	이	이	임	정	최	최	최	이	권	김	김	김	민	박	송	이	이	정	정	정	조	허	허	홍
○	○	○	○	○	○	○	○	○	○	○	○	○	○	○	○	○	○	○	○	○	○	○	○	○	○	○	○	○	○	○	○	○	○
○	○	○	○	○	○	○	○	○	○	○	○	○	○	○	○	○	○	○	○	○	○	○	○	○	○	○	○	○	○	○	○	○	○

5. 우리 반에서 쉬는 시간이나 점심시간에 함께 노는 친구들은 누구
인가요? 이름에 모두 V표 하세요.

1	2	3	4	5	6	7	8	9	10	11	12	13	14	15	16	17	18	26	27	28	29	30	31	32	33	34	35	36	37	38	39	40	41
김	김	김	민	박	백	복	손	유	윤	이	이	임	정	최	최	최	이	권	김	김	김	민	박	송	이	이	정	정	정	조	허	허	홍

6. 우리 반에서 생일날 초대하고 싶은 친구들은 누구인가요? 이름에
모두 V표 하세요.

1	2	3	4	5	6	7	8	9	10	11	12	13	14	15	16	17	18	26	27	28	29	30	31	32	33	34	35	36	37	38	39	40	41
김	김	김	민	박	백	복	손	유	윤	이	이	임	정	최	최	최	이	권	김	김	김	민	박	송	이	이	정	정	정	조	허	허	홍

〈참고〉 UCINET

UCINET은 다양한 연결망 분석기법을 활용할 수 있는 현존하는 네트워크 분석 프로그램 중 가장 종합적인 프로그램입니다. 현재 UCINET 6 버전을 사용하고 있으며 분석대상의 응집력, 중심성, 중앙과 변방, 역할과 위치 등의 분석이 가능합니다.

본 프로그램에서는 학급 내의 관계가 어느 정도로 '연결'되어 있는지를 알아보는 데 주로 사용하게 되며 프로그램 시작 전과 후에 학급의 긍정적 / 부정적 상호작용 정도가 어떤 변화를 나타내는지, 장애학생의 상호작용 정도에 변화가 있는지, support group은 어떤 변화를 나타내는지 살펴볼 수 있습니다.

UCINET6은 www.analytictech.com에서 다운로드받아 사용할 수 있습니다.

[예시]

최경일(2007) 장애학생의 또래관계 향상을 위한 학급 프로그램의 효과성에 관한 연구. 청소년학연구 14권 1호.

이혜원, 우수명(2005). 학교사회복지 관련 조직간 네트워크의 특성에 관한 연구 Ⅰ: 서울시 강서구 교육복지투자우선지역 지원사업을 중심으로 한국사회복지학 제57권 제4호.

이상균(2003) 청소년의 집단따돌림에 대한 관계망 분석. 사회복지리뷰. 8호.

정순둘(2001). 재가노인을 위한 사례관리 네트워크 분석, 한국사회복지학. 제46권

3) 회기별 활동지

(1) 1회기: "나는 ○○한 ○○○입니다"

나는 (　　　　)한

(　　　　)입니다.

(2) 2회기: "인터뷰 질문종이"

♣ 질문종이

지금부터 당신은 아주 유명한 리포터입니다. 당신 앞에 앉아 있는 친구를 아주 멋~있게 인터뷰해 보시기 바랍니다.

---

1. 당신을 한 단어로 표현한다면 어떻게 표현할 수 있을까요?

2. 당신이 가장 좋아하는 음악은?

3. 당신이 요즘 재미있게 보고 있는 TV 프로그램은?

4. 당신이 가장 사랑하는 가족 구성원은?

5. 하루 중 가장 기분이 좋을 때는?

---

1. 당신이 가장 존경하는 사람은?

2. 당신은 평소 여가 시간에 무엇을 하나요?

3. 당신이 가장 좋아하는 연예인은?

4. 당신이 가보고 싶은 나라는?

5. 당신을 가장 화나게 하는 것은?

---

1. 당신이 가보고 싶은 나라는?

2. 당신이 가장 좋아하는 과목은?

3. 당신이 외로움을 느낄 때는?

4. 당신이 평소 "이것만은 지키자" 라고 생각하고 있는 것은?

5. 당신의 보물 1호는?

1. 당신은 10년 후에 무엇을 하고 있을까?

2. 당신이 가장 자신감이 있을 때는?

3. 당신이 지금까지 살아오면서 가장 행복했던 순간은?

4. 당신이 요즘 가장 갖고 싶은 물건은?

5. 당신이 가장 싫어하는 과목은?

(3) 3회기: "서명종이" & "닮은 점 찾기 종이"

♣ 당신의 서명을 부탁해요~

( )학년 ( )반 ( )번 이름:

※ 각 지시문을 다른 친구에게 행하고 그 친구의 이름을 받으세요.

1. 연습

번호	명 령 문	이름
1	다른 친구와 악수를 하세요	
2	다른 친구와 가위바위보를 하세요	
3	다른 친구의 팔을 주물러 주세요.	

※ 친구와 번갈아 가면서 해 주세요.

2. 실제 활동

번호	명 령 문	이름
1	친구에게 칭찬을 하세요. (세 가지 이상)	
2	친구를 위해 생일축하 노래를 불러 주세요.	
3	친구와 팔짱을 끼고 열 발짝 걸어가세요.	
4	친구의 어깨를 주물러 주세요. (30번)	
5	친구에게 자기 가족을 소개하세요.	
6	친구에게 "○○는 세상에서 제일 멋있고(또는 아름답고) 착한 사람입니다."라고 큰 소리로 말해 주세요.	
7	친구와 양손바닥을 10번 마주 치세요.	
8	친구와 어깨동무를 하고 앉았다 일어서기 10번 하세요. (숫자를 세면서)	
9	친구 앞에서 만세 3번을 외치세요.(○○○ 만세!)	
10	친구에게 "힘내, ○○야"라고 말해 주세요.	

♣ 우리 모둠의 닮은 점과 다른 점을 찾아보세요~

(   )모둠

1. 닮은 점

2. 다른 점

(4) 4회기: "나, 너, 우리"

♣ 나, 너, 우리

♥ 친구와 짝을 지었을 때 서로 물어 본 후 친구의 답과 이름을 적어 주세요. ♥

	질　문	답	친구이름
1	초등학교 때 가장 재미있게 했던 놀이는		
2	우리 집 냉장고에서 제일 맛있는 음식은		
3	어제 저녁 7시부터 1시간 동안 뭐했어		
4	함께 사는 가족의 수는		
5	나의 가장 소중한 친구(B·F)의 이름은(3명)		
6	우리학교 급식에서 가장 맛있는 반찬은		
7	내가 즐겨 듣는 가요 BEST 1은		
8	설날 친척들이 모이면 모두 몇 명		
9	내가 가장 아끼는 물건은		
10	교과목 선생님 중 가장 재미있는 선생님은		
11	내 키는		
12	내가 얼짱이라고 생각하는 이유는		
13	우리 반 담임선생님의 좋은 점 2가지는		
14	내 신발 사이즈는		
15	내 생일은		

(5) 5회기: "고민종이"

> 　안녕하세요? 저는 ○○중학교 2학년 김태희라고 합니다. ^^ 여러분들의 도움을 받고 싶어서 편지를 씁니다.
> 　우리 반에는 유재석이라는 친구가 있습니다. 재석이는 반 아이들과 잘 어울리지 않습니다. 밥도 혼자 먹고, 친구들이랑 이야기도 하지 않아요. 하루는 재석이 주위에 여러 명의 아이들이 있었어요. 친구가 생겼나 생각했어요. 그러나 그 아이들은 재석이의 물건을 가지고 장난을 치고 있는 거였어요. 어떤 아이는 재석이에게 화풀이를 할 때도 있습니다.
> 　재석이는 아무 말도 못 하고 그 아이들이 그만두기만을 기다리고 있었어요. 재석이도 친구들과 함께 놀며 즐겁게 학교 다니고 싶은 것 같은데……내가 어떻게 도와주면 좋을까요? 친구를 사랑하는 여러분의 조언을 구합니다.

1. 지금 재석이의 마음은 어떨까요? 여러분이 보시기에 재석이가 갖고 있는 어려움은 어떤 것이 있는지 아래의 보기에서 모두 골라 보세요.

< ——————————————————————————————— >

1. 친구 간의 갈등	2. 선후배 간의 갈등	3. 선생님과의 갈등	4. 이성문제
5. 소외감	6. 왕따	7. 우울증	8. 자신감 부족
9. 성격문제	10. 자살충동	11. 외모와 체격의 불만족	12. 진로문제
13. 학업성적	14. 비효율적인 학습방법	15. 음주	16. 흡연
17. 약물(본드, 가스) 흡입	18. 인터넷 중독	19. 학교에 오기 싫음	

2. 재석이를 도와주기 위해서 태희는 어떤 일을 할 수 있을까요? 여러분의 생각하는 해결방법을 태희에게 전해 주세요.(6하 원칙으로 - 누가, 언제, 어디서, 무엇을, 어떻게, 왜)

3. 여러분이 생각하기에 재석이에게 도움이 될 수 있는 활동이 어떤 것이 있을까요? 아래의 보기에서 3가지만 골라 보세요.

① 친구관계를 도와주는 프로그램	② 가족문제에 도움이 되는 상담이나 프로그램
③ 학업향상 프로그램	④ 자신감을 키워 주는 프로그램
⑤ 진로 및 성격검사	⑥ 성격문제(우울 등)에 도움이 되는 프로그램
⑦ 자원봉사 프로그램	⑧ 금연, 금주, 약물중단에 도움이 되는 프로그램
⑨ 방학 중 캠프활동	⑩ 학교 적응에 도움이 되는 상담이나 프로그램
⑪ 학교폭력을 예방할 수 있는 프로그램	⑬ 학교 내 문화프로그램(공개특강, 영화관람 등)

안녕하세요? 저는 ○○중학교 2학년 이준기라고 합니다. ^^ 여러분들의 도움을 받고 싶어서 편지를 씁니다.

우리 반에는 문근영라는 친구가 있어요. 참 좋은 친구인데 가끔 이해하기 힘든 행동을 해요. 수업시간에 근영이는 공부하기를 거절하고, 자주 소리를 지르며, 학교에서 자는 시간이 공부시간보다 많아요. 그래서 반 아이들은 수업시간을 방해받아 근영이를 좋아하지 않아요. 여러 선생님들도 수업에 방해를 많이 준다는 이유로 근영이를 만나는 걸 싫어하시죠.

하지만 수업시간 이외에는 즐겁게 지내며 친구들과 잘 어울리면서 재미있게 학교생활을 하고 있어요. 근영이도 자신이 좋아하는 걸 할 때면 굉장히 진지한데……

내가 어떻게 도와주면 좋을까요? 친구를 사랑하는 여러분의 조언을 구합니다.

1. 지금 근영이의 마음은 어떨까요? 여러분이 보시기에 근영이가 갖고 있는 어려움은 어떤 것이 있는지 아래의 보기에서 모두 골라 보세요.

< ＿＿＿＿＿＿＿＿＿＿＿＿＿＿＿＿＿＿＿＿ >

1. 친구 간의 갈등	2. 선후배 간의 갈등	3. 선생님과의 갈등	4. 이성문제
5. 소외감	6. 왕따	7. 우울증	8. 자신감 부족
9. 성격문제	10. 자살충동	11. 외모와 체격의 불만족	12. 진로문제
13. 학업성적	14. 비효율적인 학습방법	15. 음주	16. 흡연
17. 약물(본드, 가스) 흡입	18. 인터넷 중독	19. 학교에 오기 싫음	

2. 근영이를 도와주기 위해서 준기는 어떤 일을 할 수 있을까요? 여러분의 생각하는 해결방법을 준기에게 전해 주세요. (6하 원칙으로 - 누가, 언제, 어디서, 무엇을, 어떻게, 왜)

3. 여러분이 생각하기에 근영이에게 도움이 될 수 있는 활동이 어떤 것이 있을까요? 아래의 보기에서 3가지만 골라 보세요.

① 친구관계를 도와주는 프로그램

② 가족문제에 도움이 되는 상담이나 프로그램

③ 학업향상 프로그램

④ 자신감을 키워 주는 프로그램

⑤ 진로 및 성격검사

⑥ 성격문제(우울 등)에 도움이 되는 프로그램

⑦ 자원봉사 프로그램

⑧ 금연, 금주, 약물중단에 도움이 되는 프로그램

⑨ 방학 중 캠프활동

⑩ 학교 적응에 도움이 되는 상담이나 프로그램

⑪ 학교폭력을 예방할 수 있는 프로그램

⑬ 학교 내 문화프로그램(공개특강, 영화관람 등)

(6) 7회기: "활동계획세우기"

** support group 활동계획 세우기 **

◆(   )학교 (   )학년 (   )반 / 이름:

1. 4회 동안 실시된 학급활동이 본인에게 어떤 도움이 되었나요?

2. ○○(장애학생의 이름을 넣어 주시면 됩니다) 학급에 보다 잘 적응하기 위해서는 어떤 점이 바뀌어야 한다고 생각하나요?

3. 이제부터 본격적으로 'supporter'로서의 역할을 수행하게 됩니다. ○○(장애학생의 이름을 넣어 주시면 됩니다) 학급에 잘 적응하기 위해서 본인은 어떤 도움을 줄 수 있다고 생각하나요? 구체적인 계획을 세 가지 정도 적어 보세요.

1)

2)

3)

(7) 7회기~10회기: "support group 활동일지"

** 활동일지 **

◆ (   )학교 (   )학년 (   )반 / 이름:
◆ 활동기간 : 2006년 (   )월(   )일 — (   )월(   )일

1. 활동내용

	언제	어디서	누구를	어떻게 도왔나요?
1				
2				
3				
4				
5				
6				

2. 활동하면서 가장 어려웠던 점은 무엇인가요?

3. 활동하면서 가장 좋았던 점은 무엇인가요?

4) 집단활동과정기록지 (예시)

집단활동 과정기록지 (1회기)

프로그램명	친구사귀기		대상자	2 – 1반
시 간	2○○○. ○. ○. ○교시		진행자명	김○○ 사회복지사 김○○ 실습생
목 적	같은 반으로서의 공동체 의식을 갖고, 상호작용의 범위를 넓힌다.			
목 표	다양한 친구들과 상호작용하는 기회를 갖는다.			
프로그램 진행과정 (집단성원과의 상호작용)				
도 입	1) 프로그램 진행자와 보조진행자를 소개한다. 2) 프로그램의 일정과 목적을 소개한다. 3) 프로그램 진행 시 지켜야 할 간략한 규칙 정한다.			
실 행	**활동 1: 서명받기** 1) 참가자들에게 서명종이를 나누어 준다. 2) 종이를 보면서 활동방법을 설명해 준다. 3) "서로 다른" 10명에게 서명을 받아야 함을 알려 준다. 4) 완성한 사람에게는 사탕을 하나씩 준다. 5) 끝까지 완성하지 못하는 사람은 이미 완성한 친구들이 도와 완성할 수 있도록 한다. **활동 2: 짝을 찾아요.** 1) 4인1조로 짝을 이룬다. 2) 각 조별로 A4 용지 한 장씩을 나누어 준 후, 구성원들의 닮은 점과 차이점을 5가지씩 찾아보도록 한다. 3) 완성되면 4모둠 정도 발표를 해본다. 4) 장애학생이 있는 모둠은 장애학생이 소외되지 않도록 유의한다.			
정 리	활동지를 작성하고, 2 – 3명 정도 소감을 들어 본 후 마무리한다.			
프로그램 평가				
목표달성 면	또래관계 증진을 위한 활동으로는 목표달성을 이뤘다고 볼 수 있다. 학생들의 참여가 적극적이었으며 전반적인 분위기는 매우 좋았었다. 8점 궁극적인 목적인 장애학생과의 관계에서는 조금 부족함을 보였으나 활동 첫날인 것을 감안한다면 서포터즈를 제외한 몇몇 학생들이 자발적 참여를 보였기 때문에 5점 정도를 줄 수 있다.			
진행 면	진행자 소개, 사회복지시설 소개, 규칙정하기, 활동 1, 활동 2, 평가의 순으로 진행을 하였다. 활동 1에서 시간이 지체되어 활동 2는 발표를 듣지 못하고 적어서 제출하는 것으로 만족해야 했다. 평가 역시 시간에 쫓겨서 학생들의 이야기를 듣지 못하고 진행자가 설명하고 마무리하게 되었다.			

프로그램 평가	
내용면	비장애·장애학생 간의 대인관계 증진을 위한 활동으로 첫 시간이었다. 담당교사의 참여와 지도로 학생들의 분위기는 그다지 산만하지는 않았었다. 첫 만남에 대해 학생들은 기대감과 환영의 메시지를 보여 주었다. 학생들과 프로그램 규칙을 정할 때에도 대답을 잘하였고 총 5개의 규칙이 선정되었다. <우리 반 규칙> 1. 떠들지 말자, 　　2. 적극적으로 참여하자, 3. 예의를 지키자 　　4. 친구의 말을 잘 들어주자, 5. 욕하지 말자 프로그램에 대한 설명 이후 본격적인 활동을 할 때에도 학생들은 어렵지 않게 즐거워하며 참여하는 것으로 보였다. 첫 번째 활동 '명령문 수행 후 싸인받기'에서 장애학생이 예상대로 완성을 다 못하였고 자진해서 도와줄 친구들을 모았을 때 몇몇 학생들이 자원하는 모습을 보였다. 그러나 거의 모든 학생들이 남자 장애학생에게만 다가가려고 하였고 여자 장애학생에게는 도와주는 것을 꺼려하는 모습을 보였다. 4인이 1모둠으로 하는 공통점과 차이점을 찾는 모둠활동은 시간부족으로 원활한 진행이 되지 못하였다. 특히 학생들에게 공통·차이점을 찾는 것을 구체적으로 설명을 하는 것이 생각만큼 쉽지 않았고 학생들도 많은 생각을 하지 않고 적는 모습이었다. 평가역시 시간부족으로 잘 진행하지 못하였고 학생들의 의견을 물어보는 것조차 하지 못하였다.
소감 및 의견 다음회 계획	
소감 및 의견	장애학생이 명령문을 수행하는 것은 매우 쉽지 않은 활동이라 생각된다. 명령문의 항목이 좀 더 쉽고 편하게 할 수 있는 것이었다면 비장애학생, 장애학생 모두 부담스럽지 않게 수행할 수 있지 않았나 생각한다. 모둠활동의 의미는 좋으나 인터뷰를 하고 어수선한 가운데 모둠을 새롭게 구성하여 진행하는 것은 흐름상 어울리지 않는 것 같다. 모둠 구성하는 것도 시간이 걸리고 참여자들도 귀찮아 함을 보였다. 또한 구체적으로 공통점·차이점을 찾을 수 있도록 항목을 정해 주는 것도 좋을 것 같다.
다음 회 계획	다음 활동은 첫 시간보다 더 활동적인 것이어서 되도록 강당에서 진행하려고 생각한다. 우려되는 부분은 오늘 나타난 것처럼 여자 장애학생에 대한 접근을 모든 학생들이 꺼려하고 있는 부분이다. 이러한 활동이 어쩌면 보다 낙인되는 것은 아닌가 하는 생각도 든다. 원칙은 신체가 서로 이어져야 하지만 물건을 사용하는 것도 고려해 봐야 할 것 같다.

5) 프로그램평가서

(1) 학급개입 프로그램 매 회기 평가서

♫활동을 마치고……

(   )학년 (   )반   이름:

1. 활동날짜

   2006년 (   )월 (   )일 (   )요일

2. 오늘 무슨 활동을 했나요?

3. 활동은 재미있었나요?

  (1) 매우 재미있었다 (2) 보통이었다 (3) 재미없었다

4. 오늘 활동에 참여하면서 어떤 생각이 들었나요?

(2) 학급개입 프로그램 총평가지

평가설문지

그동안 열심히 프로그램에 참여해 주신 여러분들께 진심으로 감사드립니다.
이번 프로그램이 여러분들의 일상생활에 조금이나마 도움이 됐으면 하는 바람입니다. ^^
여러분들께서 프로그램에 참여하는 동안 느낀 점을 솔직히 표시해 주시기 바랍니다.
응답하신 내용은 다음에 유사한 프로그램을 실시할 때 반영될 예정입니다.

1. 이번 활동 내용에 만족하십니까?
   ① 매우 그렇다 ② 대체로 그렇다 ③ 보통이다 ④ 그렇지 않다 ⑤ 전혀 그렇지 않다

2. 그동안 했던 활동의 만족도를 표시해 주세요.
   (1 – 전혀 만족스럽지 않다, 2 – 만족스럽지 않다, 3 – 보통이다, 4 – 만족스럽다, 5 – 매
   우 만족스럽다)

	프로그램명	만족도	프로그램명	만족도
1회	서명받기	1 2 3 4 5	짝을 찾아요	1 2 3 4 5
2회	걷다가 인사하기	1 2 3 4 5	나, 너, 우리	1 2 3 4 5
3회	거울놀이	1 2 3 4 5	나도 상담사	1 2 3 4 5

3. 가장 재미있었던 활동과 재미없었던 활동을 고른 후, 그렇게 생각한 이유를 적어
   주세요.
   - 가장 재미있었던 활동 (   )
     이유:
   - 가장 재미없었던 활동 (   )
     이유:

4. 유사한 프로그램이 실시된다면 친구에게 추천하시겠습니까?
   ① 매우 그렇다 ② 대체로 그렇다 ③ 보통이다 ④ 그렇지 않다 ⑤ 전혀 그렇지 않다

5. 이러한 프로그램에 추가되었으면 좋겠다고 생각하는 활동이 있다면 적어 주세요.
   (   )

6. 활동을 하는 동안 친구들과의 관계는 원만했습니까?
   ① 매우 그렇다 ② 대체로 그렇다 ③ 보통이다 ④ 그렇지 않다 ⑤ 전혀 그렇지 않다

7. 활동을 담당한 선생님과의 관계는 원만했습니까?
   ① 매우 그렇다 ② 대체로 그렇다 ③ 보통이다 ④ 그렇지 않다 ⑤ 전혀 그렇지 않다

8. 이 프로그램에 참여하면서 느낀 점이 있다면?

(3) 교사 평가지

<프로그램 평가설문지> – 교사용
(담임교사, 특수교사 모두 가능)

그동안 프로그램 실시에 적극적으로 협조해 주신 선생님께 진심으로 감사드립니다. 다음은 보다 나은 프로그램 운영을 위한 질문입니다. 솔직하게 정성껏 답변해 주시기 바랍니다.

1. 본 프로그램에 대해 만족하시나요?
   ① 매우 만족한다 ② 만족한다 ③ 보통이다 ④ 만족하지 않는다
   ⑤ 매우 만족하지 않는다

2. 본 프로그램 실시가 원적학급에 어떤 영향을 미쳤다고 생각하세요?
   ① 학급 내의 상호작용이 증가하였다. (긍정적 / 부정적 상호작용 모두 포함)
   ② 학급 아이들의 장애학생이해도가 높아졌다.
   ③ 학급 분위기가 좋아졌다.
   ④ 장애학생의 사회성이 좋아졌다.
   ⑤ 큰 영향을 미치지 않았다.
   ⑥ 기타(   )

3. 가장 좋았던 활동과 좋지 않았던 활동을 고른 후, 그렇게 생각한 이유를 적어 주세요
   -가장 좋았던 활동(   )
    이유:
   -가장 좋지 않았던 활동(   )
    이유:

4. support group의 활동은 효과가 있었다고 생각하세요?
   ① 매우 그렇다 ② 그렇다 ③ 보통이다 ④ 그렇지 않다
   ⑤ 매우 그렇지 않다
   4 -1. 효과가 없었다면 그 이유는 무엇일까요?

5. 이와 유사한 프로그램에 추가되었으면 좋겠다고 생각하는 활동이 있다면 적어 주세요

6. 프로그램을 지켜보시면서 느끼신 점이 있다면 적어 주세요.

(4) support group 평가지

〈프로그램 평가설문지〉 - support group용

그동안 프로그램에 열심히 참여해 주신 여러분께 진심으로 감사드립니다.
프로그램에 참여하면서 느꼈던 점들을 솔직하게 응답해 주세요.

1. 본 프로그램에 대해 만족하시나요?
   ① 매우 만족한다   ② 만족한다   ③ 보통이다   ④ 만족하지 않는다
   ⑤ 매우 만족하지 않는다

2. 이러한 활동이 장애학생에게 도움이 된다고 생각하시나요?
   ① 매우 도움이 된다   ② 도움이 된다   ③ 보통이다
   ④ 도움이 되지 않는다   ⑤ 매우 도움이 되지 않는다

3. 다음에도 이러한 활동이 있다면 참여할 생각이 있나요?
   ① 매우 그렇다   ② 그렇다   ③ 보통이다   ④ 그렇지 않다
   ⑤ 매우 그렇지 않다

4. 그동안 했던 활동 중 기억에 남는 활동 3가지만 적어 주세요.

5. 이 프로그램에 참여하면서 가장 좋았던 점은 무엇인가요?

6. 이 프로그램에 참여하면서 가장 힘들었던 점은 무엇인가요?

7. 마지막으로 프로그램을 종료하면서 하고 싶은 말이 있다면 무엇인가요?

(5) 장애학생용

〈프로그램 평가설문지〉 - 장애학생용

본 설문지는 장애학생의 프로그램 참여도를 측정하기 위한 것입니다.
상황에 따라서 프로그램에 계속적으로 함께 참여한 담임교사나 특수교
사, 사회복지사가 응답하실 수 있습니다. 옆에서 관찰하신 대로 편안하
게 응답해 주시기 바랍니다.

1. 귀 학급의 장애학생은 프로그램에 즐겁게 참여했다고 생각하십니까?
   (본인은 프로그램에 즐겁게 참여했습니까?)
   ① 매우 그렇다 ② 그렇다 ③ 보통이다 ④ 그렇지 않다
   ⑤ 매우 그렇지 않다

1-1. 즐겁게 참여하지 못했다면 그 이유는 무엇입니까?

2. 프로그램 실시 전과 비교하여 장애학생에게 달라진 점이 있다면 무엇일까요?
   ① 원적학급에 머무는 시간이 길어졌다.(원적학급에 오는 것을 좋아한다)
   ② 또래와의 상호작용이 증가하였다.
   ③ 문제행동이 감소하였다.
   ④ 표정이 밝아지고 자신감이 생겼다.
   ⑤ 큰 변화가 나타나지 않았다.
   ⑥ 기타

3. 장애학생의 입장에서 프로그램의 내용이나 진행방법에 있어서 어떤 변화
가 생기면 좋겠다고 생각하십니까?

4. 기타 건의사항이나 느낀 점이 있다면 적어 주세요.

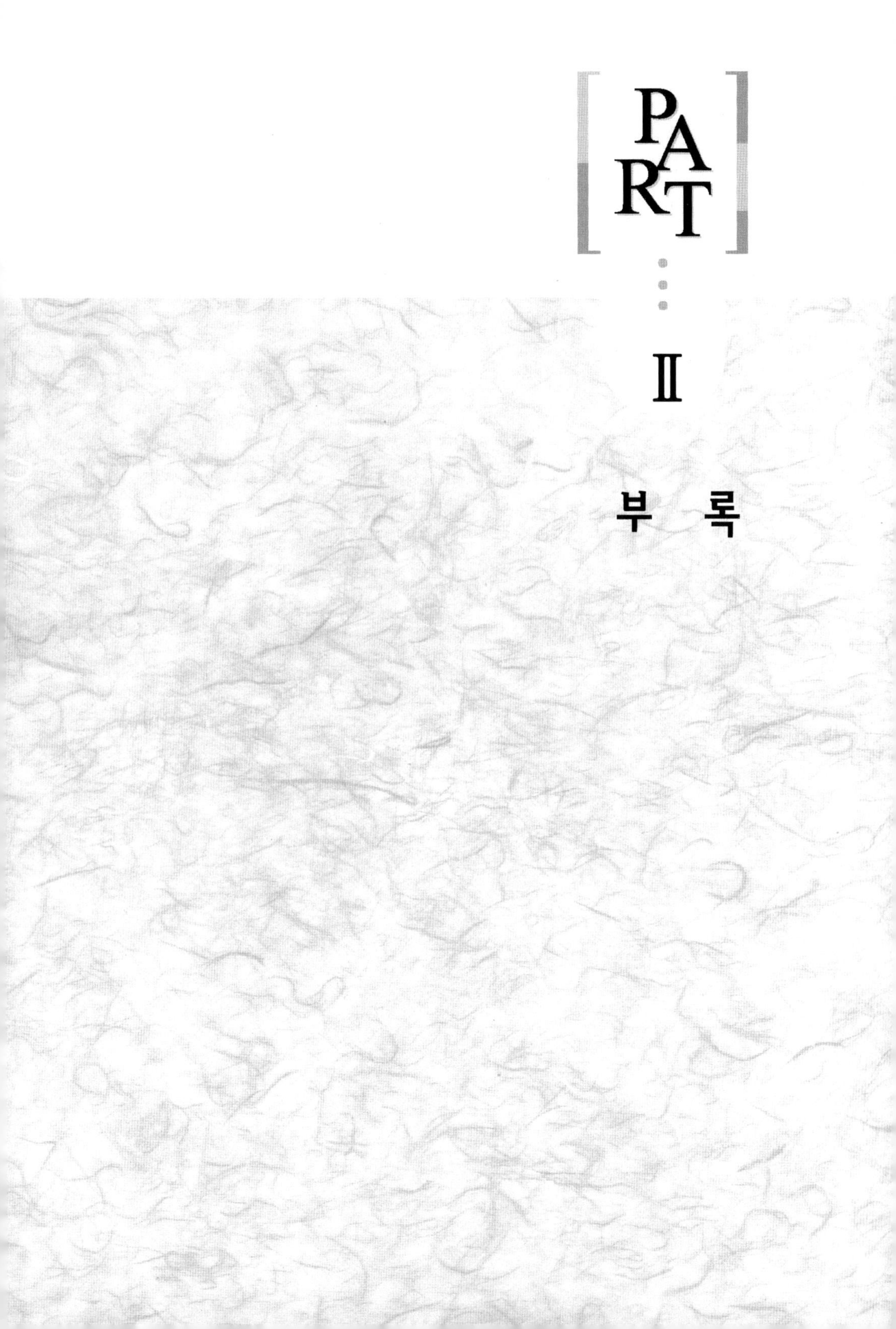
PART
II
부 록

1. '장애' 및 '장애학생'의 이해

장애란?

장애의 개념은 크게 협의의 개념과 광의의 개념으로 구분되고 있다. 또한 장애의 특성상 사회적 지원을 필요로 하므로 관계법의 규정을 중시한다.

일반적으로 장애란 생물학적, 해부학적 차원에서 신체 또는 정신상의 손상·결함에 한정하여 보는 장애(Impairments) 그리고 신체·정신상의 손상이나 결함에 따라 능력 발휘에 있어서 장애를 당하는 경우(Disabilities)와 이로 인한 사회적 불리(Handicaps) 이렇게 3가지의 장애로 나누어 정의한다.

장애범주

위의 정의에 따라 장애인의 범주는 장애를 보는 관점에 따라 달라질 수 있다.

첫째, **생물학적·해부학적** 관점에서 신체구조 또는 기능상의 이상, 손상, 상실, 결함이 있는 사람을 의미하는 경우(시각장애, 청각장애, 지체장애 등)

둘째, 의학적 관점에서 신체구조·기능상의 만성적 결함으로 정상적인 생활을 하는 데 제한이 있는 사람을 의미하는 경우(신장기능장애, 심장기능장애, 간질자 등)

셋째, **심리학적** 관점에서 지적 능력의 발달지체로 사회생활의 적응에 어려움을 당하고 있는 사람을 의미하는 경우(정신지체, 학습장애, 정서장애 등)

일반적으로 장애인의 범주는 생물학적·해부학적 관점에 한정시키는 협의의 관점에서 의학적 관점과 심리학적 관점까지 포함시키는 광의의 관점으로 변화해 오고 있다.

장애유형

국제노동기구 ILO

ILO에서는 신체 또는 정신상의 결함의 결과 적절한 직업을 확보 유지해 나갈 전망이 없는 실질적으로 손상받은 개인이라 정의하고 있다.

장애자의 권리선언 UN

UN에서는 선천적이든 후천적이든 신체적 또는 정신적 능력의 결여로 인해 일상적인 개인생활 또는 사회생활에 필요한 것을 자기 자신으로 완전하게 또는 부분적으로 기능할 수 없는 사람이라 정의하고 있다.

장애인 복지법 제2조

장애인 복지법 제2조에서는 지체장애, 시각장애, 청각장애, 언어장애 또는 정신 지체 등 정신적 결함으로 인하여 장기간에 걸쳐 일상생활 또는 사회생활에 상당한 제약을 받는 자로서 대통령령으로 정하는 기준에 해당하는 자를 말한다.

장애학생

아동의 정의 제2조

아동이라 함은 18세 미만의 자를 말한다. 보호를 필요로 하는 아동이라 함은 보호자가 없거나 보호자로부터 일탈된 아동 또는 보호자가 아동을 학대하는 경우 등 그 보호자가 아동을 양육하기에 부적당하거나 양육할 능력이 없는 경우의 아동을 말한다.

장애학생이라 함은 법적으로 규정하는 경우처럼 "18세 미만인 자"라는 연령상으로 구분되는 개념과 함께 성장 발달 과정상의 특성 및 사회적 위치 등과 관련하는 개념으로 사회적 위치로 보아 성인에 대해 경제적, 사회적으로 의존함이 지배적이며, 주로 가정을 중심으로 단순한 역할들만을 부여받고 있는 단계라고 할 수 있다.

[표 1] 장애학생의 학교급별 특수교육 수혜현황 (2005년 9월 현재)

과정별	연령	학령 인구수	추정 장애 인구수	추정 특수교육 대상자수	재학 특수 학교	특수교육 대상 학생수 일 반 학 교 특수학급	일반학급	계	특수교육 수혜율 (교육부 주장)
유치부	3~5	1,722,295	26,523	10,264	1,188	475	1,394	3,057	29.8
초등학교	6~11	4,017,603	108,877	42,135	8,699	8,699	1,667	31,064	73.7
중학교	12~14	2,063876	44,786	21,645	6,160	6,160	648	12,493	57.5
고등학교	15~17	1,839,810	49,859	19,296	7,402	7,402	1,401	11,748	60.9
계	3~17	9,643,584	230,045	93,339	23,449	23,449	5,110	58,362	62.5

2000년 4월 전국의 특수학급수는 3,802학급이다. 전국적으로 유치원 및 병설유치원에 56학급, 초등학교에 2,974학급, 중학교에 638학급, 고등학교에 89학급이 설치·운영되고 있으며, 운영유형별로는 전일제 144학급, 시간제 2,802학급, 특별 지도 711학급, 순회학급 145학급이다.

[표 2] 연도별 특수학급수 (단위: 학급)

연 도	1971	1976	1980	1985	1990	1995	1996	1997	1998	1999	2000
학급수	1	350	335	1,601	3,181	3,440	3,533	3,626	3,728	3,764	3,802
전년대비 증가수		349	5	1,246	1,580	259	93	93	102	36	38

현재 특수교육의 세계적인 추세는 통합교육으로 장애학생들을 분리된 특수학교나 특수학급에 배치하는 것이 아니라, 처음부터 일반학급에 배치하여 교육하는 데 모아지고 있다. 그러나 2000년 4월 현재 우리나라의 경우 특수교육 대상자로 선정되어 일반학급에 배치되어 있는 장애학생들의 수는 아래의 표와 같이 유치원 30명, 초등학교 2,691명, 중학교 704명, 고등학교 484명으로 전체 3,909명에 불과하다.

[표 3] 지역별·학교과정별 특수교육 대상자 일반학급 배치 현황 (단위: 명)

시도	서울	부산	대구	인천	광주	대전	울산	경기	강원	충북	충남	전북	전남	경북	경남	제주	계
유	1	·	·	13	·	5	·	2	·	·	2	7	·	·	·	·	30
초	493	158	208	39	16	·	11	1,029	21	·	69	264	·	31	352	·	2,691
중	224	27	120	14	·	·	2	139	10	·	26	57	·	·	85	·	704
고	73	1	83	·	10	39	3	47	·	212	1	·	·	10	4	1	484
계	791	186	411	66	26	44	16	1,217	31	212	98	328	·	41	441	1	3,909

2. 장애인 실태 및 현황[1]

장애발생 원인

장애발생원인의 대부분은 후천적 원인에 의해 발생되어 있고 장애발생예방 정책이 중요하다. 후천적 원인 중 질환이 52.4%, 사고가 36.6%로 높게 나타나는 한편, 정신지체, 언어장애, 안면장애 등은 선천적 원인에 의한 발생 비중이 타 장애에 비해 상대적으로 높다.

[표 4] 장애발생 원인

(단위: %)

구 분		지체	뇌병변	시각	청각	언어	정신지체	발달	정신	신장	심장	호흡기	간	안면	장루요루	간질
선천적		1.6	2.2	5.4	3.7	22.8	23.2	13.2	0.9	1.9	10.1	–	–	19.3	–	8.8
출산시		0.1	2.3	0.3	0.3	–	3.9	7.3	–	–	–	–	–	–	–	–
후천적	질환	38.3	82.1	50.0	68.2	52.8	20.8	12.3	82.4	92.5	88.1	93.0	100.0	9.6	100.0
	사고	58.8	11.5	36.3	18.1	10.1	12.5	1.7	7.3	3.8	0.9	4.1	–	63.9	–
미 상		1.2	1.9	8.0	9.7	14.3	39.6	65.5	9.4	1.7	0.9	2.9	–	7.2	–	33.9
계		100.0	100.0	100.0	100.0	100.0	100.0	100.0	100.0	100.0	100.0	100.0	100.0	100.0	100.0	100.0

장애인구

1) 전국장애인수는 2,149천 명이며, 이중 재가장애인 2,101천 명, 시설장애인 48천 명임: 장애범주 확대, 장애발생요인 증가 등으로 '00년에 비해 699천 명 증가

2) 전국의 장애인은 2,148.7천 명으로 추정되어, 2000년의 1,449.5천 명

---

1) 보건복지부 2005 장애인 실태조사 자료참고.

에 비해 699.2천 명이 증가(동 기간 중 총인구는 1,286천 명 증가)

3) 이중 지역사회에 거주하고 있는 재가장애인은 2,101.1천 명(남성 1,258.2천 명, 여성 842.9천 명)이며, 시설에 거주하고 있는 장애인은 47.6천 명임

4) 또한 정부의 재가 위주 정책 강화로 재가장애인수는 00년에 비해 크게 증가한 반면, 시설장애인수는 오히려 감소

[표 5] 2005년도 전국 장애인 추정수

(단위: %, 천 명)

구 분	2000년			2005년		
	계	재가장애인	시설장애인	계	재가장애인	시설장애인
장애인수	1,449.5	1,398.2	51.3	2,148.7	2,101,1	47.6
구성비	100.0	96.5	3.5	100.0	97.8	2.2
출현율	3.09	–	–	4.59	–	–

(장애 출현율)

장애인 출현율은 4.59%로 미국, 일본 등 외국보다 낮음

－향후 단계적 장애범주 확대가 필요(07년 확대예정)

1. 장애범주 확대, 장애 발생위험요인 증가 등으로 장애인 출현율(인구 100명당 장애인수)은 2000년의 3.09%에서 4.59%로 1.50% 포인트 증가함

2. 국가별 장애인 출현율은 법정장애의 범주 및 정의가 국가마다 다르기 때문에 큰 편차를 보이고 있음

　－일본 4.7%, 독일 10.2%, 미국 19.3%, 영국 19.7%로 우리나라보다 높은 것으로 나타남

3. 2개 이상의 장애를 가진 장애인의 중복 장애유형을 건으로 환산

하여 장애유형별 출현율을 구해 보면, 지체장애가 있는 인구는 2.24명(100명당) 높은 출현율을 보이고 있으며, 다음으로 뇌병변 장애는 0.64명 수준임.

[표 6] 개별 장애유형별 장애 출현율 (중복장애 포함)

(단위: 천 명, %)

구분	지체	뇌병변	시각	청각	언어	정신지체	발달	정신	신장	심장	호흡기	간	안면	장루요루	간질
장애인수	1,048	301	280	302	237	164	35	105	41	59	37	16	5	17	27
출현율	2.24	0.64	0.6	0.65	0.51	0.35	0.07	0.22	0.09	0.13	0.08	0.03	0.01	0.04	0.06

장애인 가구 소득수준

1. 장애인 가구의 월 평균 소득은 157.2만 원으로, 도시근로자 가구 소득(2005년 2 / 4 분기 301.9만 원)의 52.1%에 불과

2. 00년 당시 46.4%보다 5.7% 포인트 증가하였으나 여전히 매우 열악한 수준임

3. 지역별로 보면, 서울시 177.5만 원, 광역시 162.2만 원, 중소도시 168.1만 원, 읍·면부 127.5만 원으로 각각 도시근로자 가구소득의 58.8%, 53.7%, 55.7%, 42.2% 수준임.

4. 가구규모별로는 1인 가구는 53.0만 원이고, 2인 102.2만 원, 3인 160.8만 원, 4인 207.8만 원, 5인 248.7만 원, 6인 이상 가구 303.4만 원임

[표 7] 재가 장애인의 지역별 장애가구 소득

(단위: 만 원, %)

구 분	서울특별시	광역시	중소 도시	읍·면부	계
가구 소득액	177.5	162.2	168.1	127.5	157
가구소득액 / 도시근로자가계소득1)	58.8	53.7	55.7	42.2	52.1

1. 1) 도시근로자가계소득(301.9천 원; 2005년 2 / 4분기)에 대한 장애인 가구소득 비율
2. 통계청, 『한국통계월보』, 2005. 10 참조

5. 전체 장애인 가구 194.5만 가구 중 국민기초생활수급자 가구는 총 26만 가구로(전체 장애인 가구수의 13.1%) 비장애인가구의 국민 기초생활보호대상자 비율 6.8%에 비해 2배 정도 높게 나타남.

3. 장애유형 및 장애인구

1. 지체장애

지체장애란 사지와 몸통의 운동기능장애를 말한다. 사지는 상지의 어깨관절에서 손가락 끝, 하지는 골관절에서 발가락 끝까지, 몸통은 척추를 중심으로 한 상반신과 목, 머리 부분을 말한다. 단, 이 경우에 흉부와 복부의 내장기관은 포함되지 않는다.

사지는 상지의 어깨관절에서 손가락 끝 / 하지는 고관절에서 발가락 끝까지, 몸통은 척추를 중심으로 한 상반신과 목, 머리 부분을 말한다. 단, 이 경우에 흉부와 복부의 내장기관은 포함되지 않는다. 운동기능장애는 운동기관이 있는 중추신경계, 근육 및 뼈, 관절 등의 부상이나 질병으로 인하여 장기간 일상생활이나 학교생활에서 자기 혼자 보행하는

것이 곤란한 상태에 있는 것을 말한다. 다음의 네 가지를 포함한다.

1) 절단장애

－장애정도에 따라 6급으로 구분한다.

절단은 상지나 하지의 일부분을 잃어버린 상태를 말한다. 절단은 크게 상지절단과 하지절단으로 구분되는데, 절단부위에 따라서 상지절단은 상완절단(어깨와 팔꿈치 사이), 전완절단(팔꿈치와 손목 사이), 수지절단(손가락), 하지절단은 대슬절단(무릎 위), 하슬절단(무릎과 발목 사이) 등 여러 가지 이름으로 부르고 있다.

2) 관절장애

－장애정도에 따라 1～6급으로 구분하나 1～3급까지는 없다.

관절장애는 해당 관절의 강직, 근력의 약화 또는 마비 또는 관절의 불안정(동요 관절, 인공관절 치환술 후 상태)이 있는 경우를 말한다. 뼈와 뼈를 연결하고 있는 관절의 운동범위가 제한되어 있는 것을 관절강직이라 하며 전혀 움직이지 않는 것은 완전강직, 어느 정도 관절운동이 일어나는 경우를 부분강직이라 한다.

3) 지체기능장애

－장애정도에 따라 1～6급까지 존재

지체기능장애는 팔 또는 다리의 마비, 관절의 강직으로 기능에 장애가 있는 경우를 말한다. 척추장애는 척추의 병변으로 인한 척추강직이 있는 경우이다.

4) 신체변형 등의 장애

－장애정도에 따라 1~6급으로 구분하나 5~6급만 존재한다.

변형은 신체의 어떤 부분의 외적 모양이 정상과 다른 것을 말하는데, 한쪽 하지가 짧거나 난쟁이와 같이 신체의 전반적인 발육부전으로 왜소한 경우도 변형에 포함된다. 그러나 일반적으로 절단은 변형이라 하지 않는다. 일반적으로 변형은 태어날 때 이미 있었던 선천성 기형보다는 자라는 어린이에서 마비가 있을 때 골 성장판이 손상받는 경우, 골절 후 잘못 유합된 경우, 오랫동안 진행된 류마티스관절염 등으로 인해 발생한다.

2. 시각장애

시각장애인이란(장애인 복지법 시행령) 두 눈의 시력이 각각 0.1 이하인 자, 한 눈의 시력이 0.02 이하, 다른 눈의 시력이 0.6 이하인 자, 두 눈의 시야가 각각 10도 이내인 자, 두 눈의 시각의 2분의 1 이상을 상실한 자로 정의하고 있다.

－장애정도에 따라 1~6급으로 구분한다.

시각장애는 시력장애와 시야결손장애로 구분된다.

1) 시력장애는 안경, 콘택트렌즈를 포함한 모든 종류의 시력 교정법을 이용하여 측정된 교정시력을 기준으로 한다.

2) 시야결손장애는 시각로가 차단되어 볼 수 없게 되는 경우를 말한다.

3. 청각장애

청각장애란 1974년 미국 농학교 집행위원회의에서 정의한 바에 의하면 청각장애는 농(Deaf)과 난청(hard of hearing)으로 구분하며 보청기를 착용하여 언어 정보를 어느 정도 처리할 수 있는 경우를 난청이라 하고, 전혀 불가능한 경우를 농이라 한다. 또한 청각장애는 청력 손실의 시기를 기준으로 분류되기도 하는데, 언어를 습득하기 전, 청력 손실을 수반한 농(prelingual deafness)과 언어를 완전히 습득한 이후(3세) 청력 손실을 수반한 농(posttinfual deafness)으로 분류한다.

- 장애정도에 따라 2~6급으로 구분한다.
청각장애는 <u>청력장애</u>와 <u>평형기능장애</u>로 구분된다.
1) 청력장애는 청력검사를 실시하거나 청력장애표에 기술된 대화상의 어려운 정도로 판정된다. 청력장애는 장애정도에 따라 1~6급으로 구분하나, 1급은 없다.
2) 평형기능장애는 공간 내에서 자세 및 방향감을 유지하는 능력의 장애를 말하며, 이 능력은 시각, 고유 수용감각 및 전정기관에 의해 유지된다. 평형기능장애는 장애정도에 따라 1~6급으로 구분하나 3~5급만 존재한다.

4. 언어장애

언어장애는 음성 또는 언어장애로 의사소통이 어렵거나 의사소통이 이루어지지 않는 경우를 말하는데, 그 정도에 따라 그 기능을 상실한 사람과 현저한 장애가 있는 사람으로 구분한다. 언어장애로는 소리를 내는 데 이상이 있는 음성장애, 발음이 정확하지 못한 조음장애, 말의

리듬이 깨진 말더듬, 말을 정상으로 잘하던 사람이 뇌졸중이나 뇌손상을 받은 후 말을 할 수 없게 된 실어증 그리고 자라나는 어린아이에서 말을 자기 나이에 비해 늦어지고 있는 언어발달지체 등이 있다.

－장애 정도에 따라 1~6급으로 구분하나, 3, 4급만 존재한다.

언어장애는 음성기능 또는 언어 기능에 영속적인 현저한 장애가 있어 의사소통이 어렵거나 의사소통이 이루어지지 않는 경우를 말한다. 언어장애는 다음과 같을 때 나타나게 된다.

1) 언어발달지체

정상적으로 언어발달이 이루어지지 않고 언어의 이해와 표현에 어려움을 갖는 경우이다. 언어발달지체아동은 언어의 조직이나 구성을 완전히 이해하지 못한다.

2) 조음장애

단어의 일부분만 발음되는 경우(아버지 → 아지로 발음)이다. 어떤 음을 다른 음으로 대치하는 경우(가위 → 가뷔로 발음), 단어에 가외의 소리를 추가하는 경우(가위 → 가위야로 발음), 발음은 수용할 만하나 정확하지 않은 경우 등이 이에 해당된다.

3) 구개음파열장애

구개파열이란 발어기관으로 중요한 입천장이나 입술이 태어날 때부터 파열되어 발음과 음성에 문제를 갖는 경우이다.

4) 실어증

대뇌손상을 입어 언어기능의 손상을 초래하며 의사소통의 과정인 언어이해, 언어 표현, 언어구성 과정에 이상이 생긴 경우이다.

5) 음성장애

담화에 있어서 바르지 않은 순서로 담화를 하거나 이해하기에는 너무 빠르게 말을 하거나 문장에서 바르지 않은 위치에서 쉬거나 부적절한 것을 강조하거나 어휘나 문장을 반복하거나 주저주저하는 것을 말한다.

6) 청력손실에 의한 언어장애

청각장애가 있으면 말을 그 손실의 정도와 종류에 따라서 여러 가지 결함을 나타낸다.
음의 생략, 왜곡이 일어나고 어미의 생략과 불명료함, 유성음의 구별 곤란 등이다.

5. 정신지체

정신지체장애는 정신발육이 항구적으로 지체되어 지적 능력의 발달이 불충분하거나 불완전하고 자신의 일을 처리하는 것과 사회생활에의 적응이 현저히 곤란한 경우를 말한다.

- 장애등급은 1∼3급으로 구분한다.

1) 경도(mild)

교육가능에 해당한다. 진보는 느리기는 하지만 경제적·사회적으로 거의 독립된 성인으로 생활할 수 있다. 연령은 8∼10세 수준이며 IQ는 50∼70수준이다.

2) 중등도(moderate)

훈련가능에 해당한다. 신변생활의 처리를 위한 훈련을 할 수 있는 사람이다. 군가의 감독이나 도움을 필요로 하지만 단순노동은 충분히 가능하다. 연령은 6∼7세 수준이며 IQ는 35∼49수준이다.

3) 중도(severe)

간단한 신변처리기술을 습득할 수 있고 위험으로부터 몸을 지키는 훈련 가능하다. 연령은 3∼5세 수준으로 IQ는 20∼34수준이다.

4) 최중도(profound)

신체협응능력이나 감각운동의 발달장애가 현저하기 때문에 완전한 보호와 감독이 필요하다. 매우 간단한 최소한의 신변처리능력과 말의 속도를 보이기는 하지만 유아기 수준이다. 연령은 2세 미만이며 IQ는 20 이하로 거의 나타나지 않는다.

6. 정신장애

정신장애는 지속적인 정신분열병, 분열형 정동장애, 양극성 정동장애 및 반복성 우울장애에 의한 기능 및 능력 장애로 인하여 일상생활 혹은 사회생활을 영위하기 위한 기능수행에 현저한 제한을 받아 도움이 필요한 경우를 말한다.

- 장애등급 1~3급으로 구분한다.

1) 정신분열증

성격 내에서 격동이 일어나고 사고, 정서 그리고 행동을 현실로부터 분리시키는 격심한 경험인 정신적 기능들의 분절로 규정된다.

망상·환청·사고 장애 및 기괴한 행동 등의 양성 증상 및 사회적 위축 등의 음성 증상이 있고, 중등도의 인격 변화가 있으며, 기능 및 능력 장애로 인하여 주위의 많은 도움이 없으면 일상생활을 영위하기 어려운 사람

2) 정동장애

외적 자극이나 여건과 관계없이 자신의 내적인 요인에 의해서 상당 기간 우울하거나, 들뜨는 기분의 주축이 되는 정신장애를 말한다. 실제로 우울한 일이 있어서 그만큼 우울해하거나, 기분 좋은 일이 있어서 적절하게 기분 좋아하는 경우는 제외한다. 기분이 저조하며 우울한 상태를 우울증(depression)이라고 하고, 들뜨고 몹시 좋은 상태를 조증(mania)이라고 한다. 우울증과 조증을 모두 경험하는 경우가 있고 우울증만 경험하는 경우가 있다.

3) 우울장애

기분·의욕 및 행동 등에 대한 우울 증상이 있는 증상기가 지속되거나 자주 반복되며, 기능 및 능력 장애로 인하여 주위의 많은 도움이 없으면 일상생활을 영위하기 어려운 경우가 있다.

7. 안면장애

안면장애에는 면상반흔, 색소침착, 모발결손(탈모증에 의한 것은 제외), 조직의 비후나 함몰, 결손이 포함된다.
- 장애정도에 따라 2~4급으로 구분한다.

8. 신장장애

신장은 본질적으로 신체의 항상성을 유지하는 기관으로 필수물질들과 수분을 보유하고 신체의 산/염기 균형을 유지함으로써 체액의 성분과 양을 조절하며, 또한 해독을 하고 독성물질, 외부침입자, 불필요한 물질들을 소변 형성과정을 통해 배출시키는 기능을 하며, 또한 혈압조절, 적혈구생성, 인슐린과 다른 물질들의 신진대사와 같은 여러 기능들과도 관련 있다.

신장장애는 신장의 기능 부전으로 인하여 혈액투석이나 복막투석을 지속적으로 받아야 하거나 신장의 기능에 영속적인 장애가 있어 일상생활 활동에 현저한 제한을 받는 경우를 말한다.
- 장애정도에 따라 1~6급으로 구분하나, 2급: 혈액투석 및 복막투

석받는 사람, 5급: 신장이식 수술받은 사람만 존재한다.

9. 심장장애

심장은 사람 및 동물의 혈액순환의 원동력이 되는 기관으로 심장의 좌우 면은 폐면이라고 한다. 수축과 확장을 반복하여 혈액을 신체의 구석구석까지 보내는 펌프의 역할을 한다.

심장장애는 심장의 기능 부전으로 인하여 일상생활에 정도의 활동에도 호흡곤란 등의 장애가 있어 일상생활 활동에 현저한 제한을 받는 경우를 말한다.

- **심부전**이란 심장의 펌프 기능이 장애를 일으켜 정맥압이 상승하고, 충분한 양의 산소를 말초조직에 공급할 수 없는 상태를 말하며 심기능부전이라고도 한다. 심부전은 모든 기질적(器質的)인 심질환에 기인하여 생기는데, 가장 흔한 것은 심근경색(心根梗塞), 심근변성, 심장판막증, 고혈압증, 심낭염(심막염)에 의한 것이다.
- 장애정도에 따라 1~6급으로 구분하고, 4, 6급은 없다.

10. 간장애

간은 체외에서 유입되거나 체내에서 생성된 각종 물질들을 가공 처리하고 중요한 물질들을 합성하여 공급하고, 혈액을 저장하는 역할, 면역 기관의 역할 등을 한다. 간은 이렇게 체내의 중요한 기능들을 수행하기 때문에 간기능이 심하게 저하되면 여러 가지 문제가 발생한다.

간장애는 충분한 내과적 치료에도 불구하고 장애가 지속적으로 유지되는 간경변증, 간세포암종 등 만성 간 질환자로 간경변증, 간세포암종 등으로 간이식을 시술받은 사람(5급)을 최저장애로 인정한다.
  - 장애정도에 따라 5급으로 구분한다.

11. 호흡기 장애

  우리 인체가 살아 있다고 말할 때 무엇보다 중요한 두 가지 중 하나는 심장이 뛴다는 것이고, 다른 하나는 숨을 쉰다는 것이다. 일생을 살아가며 매 순간 우리는 숨을 쉬기에 살아 있음을 확인한다. 이러한 호흡의 근원인 폐는 코를 통해 들이 쉰 산소를 인체에 제공하고 신진대사를 통해 생긴 찌꺼기를 이산화탄소의 형태로 배설하는 기능을 갖는다. 그러나 이 체계에 산소부족과 이산화탄소의 과잉축적 등으로 인해 장애가 발생, 세포가 죽는 것이다.
  호흡기장애는 폐나 기관지등 호흡기관의 만성적인 기능부전으로 평지에서의 보행 시에도 호흡곤란이 있고, 평상시의 폐환기 기능(1초시 강제호기량)이 정상예측치의 40% 이하이거나, 산소를 흡입하지 않으면서 안정 시에 동맥혈 산소분압이 65mmHg 이하인 사람(3급)을 최저장애로 인정한다.
  - 장애정도에 따라 1~3급으로 구분한다.

12. 장루요루 장애

  장루요루는 직장이나 대장, 소장 등의 질병으로 인해 대변 배설에 어려움이 있을 때 복벽을 통해 체외로 대변을 배설시키기 위하여 만든 구멍을 말한다. 이는 항상 촉촉하며 모세혈관이 분포되어 색깔은 붉고, 모양은 동그랗거나 타원형이며, 소량의 점액이 분비된다. 또한 신경이 없어 만져도 아프지 않으며 자극을 주면 약간의 출혈이 있을 수 있으나 꼭 누르고 있으면 곧 멈춘다. 크기나 모양은 개인마다 다르며, 항문의 괄약근과 같은 조절능력이 없어 대변이 수시로 배출되므로 부착물을 이용하여 관리한다. 복원수술이 불가능한 장루(복회음절제술 후 에스결장루, 전대장절제술 후 시행한 말단형 회장루, 요관피부루, 회장도관 등)의 경우에는 장루 조성술 이후 진단이 가능하며, 그 외 복원수술이 가능한 장루의 경우에는 장루 조성술 후 1년이 지난 시점에서 장애를 진단한다.

　– 장애정도에 따라 2~5급으로 구분한다.

13. 간질장애

간질은 상당히 흔한 병이며, 누구나 다 걸릴 수 있습니다. 미국의 경우 열성 경련(febrile convulsion) 등 일시적 원인에 의한 일회적인 발작을 제외하고, 아무리 적게 잡아도 전 인구의 0.5%, 즉 200명 중의 1명 꼴로 많은 사람들이 간질을 앓고 있습니다. 우리의 뇌는 복잡한 신경회로를 통해 전기적으로 서로 연결되어 있다. 대뇌의 이상 또는 손상이 있게 되면 원래 갖고 있는 전기에너지가 과도하게 방출하게 되어 주변으로 퍼져나가게 되고, 이로 인해 경련발작, 의식소실 등의 증세를 유발하게 된다.

　– 장애정도에 따라 2~4급으로 구분한다.

　– 간질이란 이러한 현상들이 반복적으로 발생하는 질병을 말한다. 따라서 간질을 유발하는 원인(뇌를 손상시킬 수 있는 원인)들은 아주 다양할 수 있으며, 또한 발작의 양상도 아주 여러 가지로 나타날 수 있다. 따라서 간질의 원인은 매우 다양하며 뇌에 생길 수 있는 모든 병은 다 간질의 원인이 될 수 있다고 생각할 수 있습니다. 간질은 유전병이 아닙니다. 다른 유전질환으로 인하여 발생한 뇌손

상으로 인해 이차적으로 간질이 병발될 수는 있으며 간질 자체가 유전되는 경우는 매우 드물다.

1) 중증발작이란

전신경련을 동반하는 발작, 신체의 균형을 유지하지 못하고 쓰러지는 발작, 의식 장애가 3분 이상 지속되는 발작

2) 경증발작이란

운동장애가 발생하나 스스로 신체의 균형을 유지할 수 있는 발작, 3분 이내에 의식이 정상으로 회복되는 발작

14. 발달장애

발달장애는 소아기 자폐증, 비전형적 자폐증에 의한 기능 및 능력 장애로 인하여 일상생활 혹은 사회생활을 영위하기 위한 기능 수행에 제한을 받아 도움이 필요한 경우를 말한다. 자폐라는 이름은 말이 늦고, 언어사용과 의사소통에 어려움이 많으며, 같은 놀이나 행동을 반복하는 데다가 기억력은 좋은데 상상력이 부족하고 자기도취에 빠져 있어서 자폐적인 경향을 보이기 때문에 붙여졌다. 실제로 자폐증에 걸린 아동은 심한 경우를 제외하고는 신체발달이나 외모에서 별 차이가 없으나 활동이나 관심이 제한되어 있어서 다른 사람들과 잘 어울리지 못하는 것이 특징이다.
- 장애등급은 1~3급으로 구분한다.

- **자폐증이란** 다른 사람과 상호관계가 형성되지 않고 정서적인 유대감도 일어나지 않는 아동기 증후군(syndrome)으로 자신의 세계에 갇혀 지내는 상태에서 지낸다고 해서 이름 붙여진 발달장애이다. 자폐아는 발달 전반에 문제를 가지고 있기 때문에 정신지체, 학습장애, 간질 등의 다른 발달장애가 동반될 수도 있다. 자폐증의 주요 증상은 개인의 발달 수준과 생활 연령에 따라 매우 다양하지만, 의사소통과 사회적인 관계를 형성하는 데 어려움과 행동과 관심의 폭이 제한되어 있다는 점이며, 그 외에 지능발달이 늦고, 행동이나 자세가 특이하거나 같은 행동을 반복하고, 기분이 자주 바뀌기도 하고, 음식, 음료수나 물건 중 특정한 것만을 이상하게 좋아한다. 그리고 손톱 등을 물어뜯거나, 심한 경우는 벽에다 머리나 몸을 찧는 등의 자해 행동을 하기도 한다.

4. 장애인 복지 혜택

1) 저소득 중증장애인 자립지원 및 의무고용제 적용
2) 소정의 자격요건 해당 시 의료비, 교육비, 주거지지원
3) 철도(통일호, 무궁화호) 요금 50%할인
4) 지하철·전철요금 무료, 국내선 항공료 50%할인
5) 시내전화통화료 50%할인(20세 이상 세대주)
6) 소정 요건 시 차량구입 후 세제혜택 및 LPG사용가능
7) 고속도로 통행료, 공여주차장 주차요금 50%할인
8) 고궁, 국공립 박물관 및 공원 무료입장
9) 소득세, 상속세, 증여세 추가 공제
10) 장애인 보장구 의료보험 적용

5. 장애인복지

1. 장애수당

1) 목 적

다른 사람의 도움이 없이는 일상생활을 영위하기 어려운 기초생활보장대상 장애인에게 장애수당을 지급하여 저소득 장애인 가구의 생활안정 도모

2) 지급 개요

(1) 지급대상
○ 국민기초생활보장법에 의한 일반 수급자인 전체 등록 장애인
  ※ 국민기초생활보장법에 의한 보장시설 입소 장애인 중 생계급여 수급자 포함
  ※ 단, 2006c년도 국민기초생활보장사업안내(지침)에 의한 특례수급 장애인에게는 장애수당을 지급하지 않음(생계급여 특례수급 장애인에게는 지급)

(2) 지급금액
○ 중증장애인: 1인당 월 70천 원
○ 경증장애인: 1인당 월 20천 원
  ※ 지방자치단체 재원으로 추가로 지급하는 금액도 장애수당 인정

(3) 지급시기 등
○ 지급원칙: 매월 20일에 지급(타 복지급여와 지급시기 통일)

※지급일이 토요일, 공휴일인 경우 그 전일에 지급

○ 지급기간

- 지급 개시: 장애수당 신청일을 수당지급개시일로 함

※ 수당지급 개시일이 그 달의 15일 이전인 때에는 당해월분에 대한 수당의 전부를, 16일 이후인 때에는 당해월분에 대한 수당의 100분의 50을 지급함.

○ 지급방법: 장애수당은 금융기관 또는 우편관서의 수급자 계좌에 시장·군수·구청장이 복지행정시스템을 통하여 직접 입금조치다만, 장애수당 등의 지급대상자가 금융기관 또는 우편관서와 멀리 떨어져 있는 지역에 거주하는 등 부득이한 사유가 있는 경우에는 해당 금전을 수급자에게 직접 지급할 수 있음.

3) 장애수당 지급 절차 및 유의사항

○ 장애수당을 지급받고자 희망하는 장애인 또는 보호자(대리인)는 복지대상자보장/급여(변경)신청 서식에 의해 읍·면·동장을 거쳐 시장·군수·구청장에게 신청하여야 하되, 장애인의 편의를 위하여 지급 구두신청 또는 복지행정전산망을 활용하여 대상자를 파악하여 지급할 수 있으며, 이 경우 신청서식을 생략할 수 있다.

2. 장애아동부양수당

1) 목 적

기초생활보장대상자로서 다른 사람의 도움 없이는 일상생활을 영위

하기 어려운 중증 장애아동 보호자에게 장애아동부양수당을 지급하여
저소득 장애인 가구의 생활안정 도모

2) 지급 개요

(1) 지급대상
　○ 국민기초생활보장법에 의한 수급자로서 18세 미만의 1급 장애
　　아동 보호자
　　※ 2006년도 국민기초생활보장사업안내(지침)에 의한 보장시설
　　　입소 장애인 및 특례수급 장애인에게는 장애아동부양수당
　　　을 지급하지 않음
　　※ 당해 장애인이 초·중등교육법에 의한 고등학교와 이에 준
　　　하는 특수학교 또는 각종 학교에 재학 중인 경우에는 20세
　　　이하의 경우 포함

(2) 지급금액: 1인당 월 70천 원

(3) 지급시기 등
　○ 지급원칙: 매월 20일 지급
　　※ 지급일이 토요일, 공휴일인 경우에는 그 전일에 지급
　○ 지급기간
　　－ 지급 개시: 장애아동부양수당 신청일을 수당지급개시일로 함
　　※ 수당지급개시일이 그 달의 15일 이전인 때에는 당해월분에
　　　대한 수당의 전부를, 16일 이후인 때에는 당해월분에 대한
　　　수당의 100분의 50을 지급함
　　－ 지급 종료: 장애아동부양수당을 지급하지 아니하기로 결정

한 달(당해월분의 수당은 전부 지급)까지 지급
○ 지급방법: 장애아동부양수당은 금융기관 또는 우편관서의 수급자 계좌에 시장·군수·구청장이 복지행정시스템을 통하여 직접 입금 조치다만, 장애아동부양수당 지급대상자가 금융기관 또는 우편관서와 멀리 떨어져 있는 지역에 거주하는 등 부득이한 사유가 있는 경우에는 해당 금전을 수급자에게 직접 지급할 수 있음.

3) 장애아동부양수당 지급 절차 및 유의사항

○ 장애아동부양수당을 지급받고자 희망하는 자(보호자 또는 대리인)는 복지대상자 보장／급여(변경)신청 서식에 의해 읍·면·동장을 거쳐 시장·군수·구청장에게 신청하여야 하되, 장애인의 편의를 위하여 지급구두신청 또는 복지행정 전산망을 활용하여 대상자를 파악하여 지급할 수 있으며, 이 경우 신청서식을 생략할 수 있다.
○ 장애아동부양수당은 복지대상자통합관리카드에 의거 조사하여 수당지급대상 여부를 결정할 수 있다.

3. 장애인 의료비 지원

1) 목 적

생활이 어려운 저소득 장애인에게 의료비를 지원하여 생활안정 및 의료보장 도모

2) 지원대상

○ 의료급여법에 의한 의료급여 2종 수급권자인 장애인
   - 차상위계층 의료급여 2종 수급권자의 경우에도 지원
   ※ 장애인 의료비는 장애인에게만 지원되므로 당해 장애인과
     세대를 같이하는 비장애인인 가족원은 지원대상이 아님

3) 지원내용

○ 1차의료급여기관에서 처방전 교부 시 본인부담금 1,000원 중
   750원, 처방전을 교부하지 않고 진료하거나 약사법 제21조제5
   항의 규정에 의하여 의약품을 직접 조제하는 경우 본인부담
   금 1,500원 중 750원을 지원
○ 2차, 3차 의료급여기관 및 국·공립결핵병원 진료 시 의료급여수
   가 적용 본인부담 진료비 15% 전액(단, 의료급여수가의 기준 및
   일반기준(보건복지부고시 제2005－81호, 2005. 11. 24) 제17조제
   2항에 해당하는 암·심장 및 뇌혈관질환자는 본인부담 진료비
   10% 전액)을 지원하되, 본인부담 식대 20% 지원하지 아니함.
   ※ 약국에서 의약품을 조제하는 경우에 발생하는 본인부담금
     (처방전에 의하여 조제할 경우 500원, 약사법 제21조제4항
     단서규정에 따라 처방전에 의하지 않고 조제할 경우 900
     원)에 대하여는 장애인 의료비를 지원하지 않음.

4) 지원 절차

○ 의료비 지원대상자인 장애인이 의료급여법에 의한 의료급여기
   관에서 외래, 입원진료 및 장애인용 보장구 급여를 받을 때에

는 장애인등록증과 의료급여증을 제시하여야 한다.

※ 보장구의 경우 의사의 처방전을 발부받아 보장구 판매업소에서 직접 보장구를 구입한 후, 보장구급여비지급청구서, 보장구처방전, 보장구검수확인서, 의료급여기관 또는 보장구 제작·판매자가 발행한 영수증 1부를 구비하여 시·군·구에 급여신청

- 다만, 휠체어(1회 이상 휠체어에 대한 보장구급여를 받은 경우에 한함), 지팡이, 목발, 시각장애인용 지팡이에 대한 의료비 지원을 받는 경우 보장구 처방전, 보장구 검수확인서를 생략할 수 있다.

- 이 경우 의료급여를 담당하는 부서는 장애인의료비를 관리하는 부서에 보장구 급여비지급청구서 사본 1부를 송부하여 의료급여수급권자에게 의료급여 비용 및 장애인의료비가 각각 지급될 수 있도록 조치하여야 함.

- 가급적 보장구의 구입비용을 보장구 판매(제조)업소가 지급 신청하도록 하여 수급권자의 경제적 어려움을 최소화하도록 홍보하여야 함.

○ 의료급여기관에서는 해당 장애인이 의료비 지원대상자임을 확인하여 진료를 행하여야 하며, 해당 장애인의 지원대상 의료비를 본인에게 부담시켜서는 아니 된다.

○ 장애인 본인부담 진료비는 의료급여기금이 아닌 장애인복지예산에서 별도로 지원되는 것이므로 의료급여기관은 장애인 본인부담 진료비에 대하여 의료급여법에 의한 대불신청을 하지 않아야 한다.

○ 기타 장애인 진료비 청구 및 장애인용 보장구 급여비 청구에 관한 사항은 의료급여법에 따른다.

4. 장애인 자녀교육비 지원

1) 목 적

비장애인에 비하여 소득활동에 제한을 받으면서 의료비, 교통비, 보장구 구입비 등 교육 간접비용이 상대적으로 높은 저소득 장애인 가구의 자녀에 대한 교육비를 지원하여 경제적 부담을 줄여 줌으로써 최소한의 교육기회 보장과 장애인 가구의 생활안정 도모

2) 지원기준

(1) 지원 대상

구 분	내 용					
	가구규모	1인	2인	3인	4인	5인	6인
소 득 인정액	(월 / 원)	543,802 원 이하	911,104 원 이하	1,221,804 원 이하	1,521,549 원 이하	1,759,215 원 이하	2,005,097 원 이하
대 상	· 1~3급 장애인 중학생 및 고등학생 · 1~3급 장애인의 중학생 자녀 및 고등학생 자녀						

※ 7인 이상 가구는 1인 증가 시마다 245,882원씩 증가
○ 소득인정액은 『2006 국민기초생활보장사업 안내』에 의한 방법으로 평가·산정

(2) 지원 제외

○ 국민기초생활보장법 제2조의 수급자(교육특례수급자 포함)인 장애인가구의 중학생 및 고등학생

○ 모부자복지법 제4조의 모부자가정의 중학생 및 고등학생

○ 특수교육진흥법 제2조의 특수학교 중학생 및 고등학생

○ 국가유공자예우등에관한법률에 의한 교육비 면제 중학생 및
　고등학생
○ 경지소유규모 1ha 미만 영농인 자녀 중 실업계 고등학생(농어
　촌발전종합대책('89))
　※ 기타 타법에 의하여 국고로 지원을 받는 경우 국고 지원을
　　받는 교육비에 대한 이중지원은 불가함

3) 지원내용 및 지원기준

(1) 학비(입학금·수업료)

○ 연도별·급지별로 학교장이 고지한 금액 전액
○ 평생교육시설의 입학생 및 재학생의 경우에는 당해 시설의 학습
　참가비 및 학력인정 여부에 대하여 시·도교육청과 사전 협의
○ 신규수급자의 경우
　- 입학금: 급여신청일이 제1분기에 속하는 경우에 한하여 전
　　액 지급
　- 수업료: 급여신청일이 속한 달부터 월할 계산하여 지급

(2) 교과서대

○ 지원내용: 1인당 10만 원 지급(연1회)
○ 학년 초 일괄 지급하는 것을 원칙으로 하되, 신규수급자에 대
　하여는 최초 학비 지급 시 동시지원
　※ 2004년도부터 중학생 전체에 대한 의무교육 확대 실시로 중
　　학생은 학비(입학금·수업료) 및 교과서대 지급대상에서 제외

(3) 부교재비

　　○ 지원대상: 중학생(의무교육 대상자)

　　○ 지원내용: 1인당 32천 원 지급(연1회)

　　○ 학년 초 일괄 지급 원칙, 신규수급자에 대하여는 최초 학비
　　　지급 시 동시 지원

(4) 학용품비

　　○ 지원대상: 중·고등학교에 재학 중인 수급자 전원

　　○ 지원내용: 1인당 44천 원 지급(학기당 22천 원씩 연2회)

　　○ 학기 초 일괄 지급하는 것을 원칙(1 / 4분기, 3 / 4분기)으로 하
　　　되, 신규수급자는 급여신청일이 상반기(1～6월)에 속하는 경우
　　　에는 연2회 지급하고, 급여신청일이 하반기(7～12월)에 속하는
　　　경우에는 연1회 지급

4) 지원대상 학교의 범위

　　○ 중학교, 실업계·인문계 정규 고등학교와 기술학교, 고등공민
　　　학교 또는 이에 준하는 각종학교

　　○ 중학교, 실업계 및 인문계 고등학교 과정 학력 인정 사회교육
　　　시설

　　　※ 학력 인정 여부 및 수업료, 입학금 등 상세한 사항은 관할
　　　　교육청에 문의

5) 지원방침

　　○ 교육비 지원대상 학생의 수업료 및 입학금 등은 대상자의 복

지급여계좌에 입금한다.

○ 장학금 수혜자 및 장학상 필요한 경우의 감면자라 할지라도 장애인 가구의 생활안정 및 자립지원의 차원에서 입학금 및 수업료 등을 전액 지원한다.

6) 지원절차

(1) 교육비의 신청

○ 1분기 및 신규 대상자의 교육비 지원 신청

- 교육비지원 신청자는 학교로부터 발급받은 수업료납입고지서(사본)와 '복지대상자 보장 / 급여(변경)신청서'를 작성하여 거주지 읍·면·동장에게 제출하고 교육비가 입금될 복지급여계좌를 신고한다.

※ 2분기부터 4분기의 교육비에 대하여는 별도의 지원신청 불필요.

○ 교육비 지원 학생의 학적변동(휴학, 자퇴, 퇴학 등)이 있는 경우 이를 관할 거주지 읍·면·동장에게 즉시 신고한다.

(2) 교육비의 지급

○ 1분기 및 신규 대상자의 교육비 지원

- 읍·면·동장은 교육비지원신청자의 교육비 지원대상의 적격여부를 확인하여 교육비 지원대상자 명부(별지 제1호 서식)에 작성·기록한 후 교육비를 납입기한 전에 복지급여계좌에 입금한다.

○ 2분기부터 4분기의 교육비 지원

- 읍·면·동장은 교육비 지급전에 해당학교로부터 당해 수급

자의 재학여부 및 전분기 학비 납입사실을 확인(별지 제2호
서식)하여야 하며, 지원대상 학생의 학적 변동사항이 있을
경우 필요한 조치를 취해야 한다.
- 학교장은 해당 학생의 재학여부 및 전 분기 학비 납입사실
을 확인(별지 제2호 서식)하여 해당 읍·면·동장에게 통보
하여야 한다.
○ 연도 중에 새로 대상자로 책정되는 경우 급여신청일이 속한
달부터 월할 계산하여 지급한다. (※ 분기의 가운데 달에 교육
비 지원 대상자로 책정되는 경우 급여신청 월이 속하는 분기
의 입학금 및 수업료의 3분의 2를 지급)

(3) 지원대상자 변동사항 처리
○ 교육비 지원대상자 중 휴학, 자퇴, 퇴학 등으로 학업을 계속할
수 없거나, 지원중지 사유가 발생한 때에는 사유 발생일이 속
하는 분기에는 지원대상자로 처리하고 다음 분기부터 교육비
지원을 중단한다.
○ 교육비 지원대상 가구가 전출한 경우에는 기 지원한 분기의
다음 분기부터 전입지에서 지원함(전출지의 할당인원을 감함)

7) 행정사항

(1) 교육비 지원대상자 선정
○ 보건복지부장관은 전년도 지원실적을 감안하여 시·도별 지원
대상자를 할당하여 예산을 배정한다.
○ 시·도지사는 지원대상자를 관할 시·군·구에 할당한다.
○ 시·군·구청장은 할당된 지원대상자의 범위 안에서 교육비

지원대상자를 확정한 후 그 명단(별지 제1호 서식)을 1월 10일까지 시·도지사에게 보고한다.

(2) 국고보조금 교부 신청
○ 시·도지사는 국고보조금 교부신청서(별지 제3호 서식)를 작성하여 1월 31일까지 보건복지부장관에게 제출하여야 한다.
○ 시·도지사는 할당된 지원대상자에 대한 예산을 초과하여 예산을 신청할 수 없다.
  - 다만, 이미 지원을 받고 있는 자가 전입된 경우는 예외로 하며, 이 경우 전출지에 할당된 인원을 감한다.

(3) 지급실적 보고
○ 시·도지사는 장애인 자녀 교육비 지원실적(별지 제4호 서식)을 3월~8월분은 9월 5일까지, 9월~다음해 2월분은 익년도 3월 15일까지 보건복지부장관에게 보고하여야 한다.

6. 전국 장애인복지관 현황

(2006. 4. 현재)

지 역	복지관명	주 소	전화번호
서 울	강북장애인종합복지관	서울 강북구 번2동 306 - 12	02)989 - 4215
서 울	기쁜우리복지관	서울 강서구 허준길 90번지(가양동 1466)	02)3665 - 3831
서 울	남부장애인종합복지관	서울 동작구 신대방2동 395(보라매공원 내)	02)841 - 2077
서 울	늘푸른나무복지관	서울 강서구 가양2동 허가바위길 16(1470 - 2)	02)3661 - 3401
서 울	다운복지관	서울 노원구 공릉1동 656 - 3	02)3296 - 2114
서 울	마포장애인종합복지관	서울 마포구 성산동 595 - 1	02)306 - 6212
서 울	방이복지관	서울 송파구 방이동 52 - 2	02)3432 - 0477
서 울	북부장애인종합복지관	서울 노원구 상계6동 771	02)2092 - 1700
서 울	사랑의 복지관	서울 서초구 서초4동 1310 - 10	02)3479 - 7733
서 울	삼성소리샘복지관	서울 동작구 상도4동 212 - 128	02)824 - 1414
서 울	서대문장애인종합복지관	서울 서대문구 북아현동 129 - 37	02)376 - 0500
서 울	서부장애인종합복지관	서울 은평구 구산동 191 - 1	02)351 - 3982
서 울	서울시각장애인복지관	서울 송파구 삼전동 109	02)422 - 8108
서 울	서울시립뇌성마비복지관	서울 노원구 마들공원1길 48 (상계6동 771)	02)932 - 4411
서 울	서울시립상이군경복지관	서울 노원구 상계6동 771 - 2	02)935 - 6375
서 울	서울시립정신지체인복지관	서울 동작구 신대방2동 395(보라매공원 내)	02)846 - 1569
서 울	서울장애인종합복지관	서울 강동구 고덕1동 317 - 24	02)441 - 5001
서 울	서울노원시각장애인복지관	서울 노원구 상계6동 771	02)950 - 0114
서 울	성동장애인종합복지관	서울 성동구 마장동 527 - 2	02)2290 - 3100
서 울	성모자애복지관	서울 강남구 율현동 110	02)3411 - 9581
서 울	성북시각장애인복지관	서울 성북구 동선동4가 279 - 1	02)923 - 4555
서 울	성분도복지관	경기도 광주시 도척면 진우리 661	031)762 - 7282 - 4
서 울	성프란치스꼬장애인종합복지관	서울 구로구 가리봉1동 131 - 2	02)830 - 6500
서 울	송파인성장애인종합복지관	서울 송파구 마천1동 211 - 90	02)431 - 8881 - 3
서 울	실로암시각장애인복지관	서울 관악구 봉천본동 931 - 7	02)880 - 0500
서 울	양천장애인종합복지관	서울 양천구 신정6동 319 - 13	02)2061 - 2500
서 울	에덴장애인종합복지관	서울 구로구 개봉1동 50 - 8	02)2611 - 1711
서 울	원광장애인종합복지관	서울 중랑구 신내동 572 - 2	02)438 - 2691 - 4
서 울	정립회관	서울 광진구 구의동 16 - 3	02)446 - 1237
서 울	청음회관	서울 강남구 역삼1동 681 - 50	02)556 - 3493
서 울	충현복지관	서울 강남구 역삼동 669 - 3	02)564 - 4885
서 울	하상장애인종합복지관	서울 강남구 개포동 12 - 5	02)451 - 6000
서 울	한국시각장애인복지관	서울 강동구 상일동 126	02)440 - 5200

지 역	복지관명	주 소	전화번호
부 산	부산뇌병변복지관	부산 북구 금곡동 1883	051)333 – 3888
부 산	부산맹인복지관	부산 북구 구포3동 1254 – 3	051)338 – 0017 – 9
부 산	부산장애인종합복지관	부산 연제구 연산4동 578 – 5	051)868 – 3580
부 산	부산사상구장애인복지관	부산 사상구 모라3동 75 – 9	051)302 – 5533
부 산	부산사하구장애인복지관	부산 사하구 구평동 43	051)262 – 2461
대 구	달구벌종합복지관	대구 달서구 용산동 230 – 17	053)527 – 0223
대 구	대구시각장애인종합복지관	대구 달서구 용산동 230 – 17	053)526 – 9988
대 구	대구장애인종합복지관	대구 수성구 파동 1 – 1	053)763 – 1011
대 구	대구청각언어장애인복지관	대구 달서구 용산동 230 – 17	053)527 – 0350
대 구	상록뇌성마비복지관	대구 북구 산격동 608 – 2	053)382 – 0961
인 천	남동장애인종합복지관	인천 남동구 만수6동 1007	032)472 – 4004
인 천	노틀담 복지관	인천 계양구 계산2동 산40번지	032)542 – 3711
인 천	부평장애인복지관	인천 부평구 일신동 62	032)512 – 9200
인 천	인천시각장애인복지관	인천 남구 학익동 709 – 1	032)876 – 3500
인 천	인천광역시장애인종합복지관	인천 연수구 동춘1동 산29 – 1	032)833 – 3051 – 2
광 주	광산구장애인복지관	광주 광산구 우산동 1595 – 1	062)943 – 0420
광 주	광주광역시장애인종합복지관	광주 북구 동림동 24	062)513 – 0977
광 주	엠마우스복지관	광주 북구 운암2동 480 – 2	062)524 – 7701 – 3
대 전	대전광역시립산성종합복지관	대전 중구 산성동 120 – 18	042)586 – 8033 – 4
대 전	대전시립장애인종합복지관	대전 유성구 용계동 319 – 1	042)540 – 3500
대 전	밀알복지관	대전 동구 삼성동 280 – 3	042)627 – 0900
대 전	유성구장애인복지관	대전 유성구 죽동 600	042)822 – 3637
울 산	울산시장애인종합복지관	울산 중구 성안동 성안2택지구59B 5L	052)242 – 1778 – 80
울 산	울산시각장애인복지관	울산 남구 달동 636 – 17	052)256 – 5244
울 산	울주군장애인복지관	울산 삼남면 교동리 1499 – 166	052)229 – 7796
강 원	강릉시장애인복지관	강원도 강릉시 사천면 방동리 산 40 – 4	033)643 – 1801
강 원	강원도장애인종합복지관	강원도 춘천시 사농동 105 – 5	033)255 – 2491 – 3
강 원	원주장애인종합복지관	강원도 원주시 단구동 1486 – 2	033)766 – 5990
강 원	춘천시장애인종합복지관	강원도 춘천시 석사동 136	033)262 – 0035
강 원	태백장애인종합복지관	강원도 태백시 금천동 15번지	033)582 – 7048
경 기	경기도장애인종합복지관	경기도 수원시 권선구 오목천동 677	031)296 – 8755
경 기	고양시장애인종합복지관	경기도 고양시 일산구 탄현동 111 – 1	031)924 – 2011
경 기	광명장애인종합복지관	경기도 광명시 광명5동 164 – 2	02)2616 – 3700
경 기	구리시장애인종합복지관	경기도 구리시 수택3동 851 – 1	031)562 – 0068
경 기	군포시장애인종합복지관	경기도 군포시 금정동 844 – 1	031)396 – 3108
경 기	부천시장애인종합복지관	경기도 부천시 오정구 작동 57	032)675 – 9901
경 기	성남시장애인종합복지관	경기도 성남시 중원구 상대원1동 산13 – 1	031)733 – 3322

지 역	복지관명	주 소	전화번호
경 기	시흥장애인종합복지관	경기도 시흥시 정왕동 1800 - 9	031)431 - 9114
경 기	안산시장애인종합복지관	경기도 안산시 초지동 604 - 10	031)403 - 0078
경 기	안양시관악장애인종합복지관	경기도 안양시 만안구 안양2동 22 - 1	031)389 - 2789
경 기	안양시수리장애인복지관	경기도 안양시 만안구 안양6동 477 - 1	031)465 - 0950
경 기	에바다장애인종합복지관	경기도 평택시 팽성읍 남산리 산11	031)692 - 2362
경 기	용인시서북부장애인종합복지관	경기도 용인시 기흥구 보정동 1097 - 8	031)895 - 3200
경 기	용인시장애인종합복지관	경기도 용인시 처인구 고림동 954 - 1	031)321 - 5522
경 기	의정부시장애인종합복지관	경기도 의정부시 민락동 735 - 17	031)850 - 5300
경 기	파주장애인종합복지관	경기도 파주시 법원읍 금곡리 428 - 3	031)959 - 7020
충 북	옥천노인장애인복지관	충북 옥천군 옥천읍 삼양리 161 - 1	043)731 - 6510
충 북	음성군장애인복지관	충북 음성군 금왕읍 무극리 343 - 7	043)883 - 2900
충 북	제천시장애인종합복지관	충북 제천시 청전동 689	043)652 - 0900
충 북	충북장애인종합복지관	충북 충주시 호암동 751 - 7	043)856 - 1100
충 북	혜원장애인종합복지관	충북 청주시 흥덕구 미평동 271 - 7	043)295 - 2505
충 남	부여군장애인종합복지관	충남 부여군 규암면 내리 246 - 3	041)836 - 2157
충 남	서산시장애인복지관	충남 서산시 예천동 496 - 17	041)668 - 4744
충 남	아산시장애인복지관	충남 아산시 실옥동 192 - 1	041)540 - 2355
충 남	예산군장애인종합복지관	충남 예산군 예산읍 산성리 727	041)334 - 6500
충 남	천안시장애인종합복지관	충남 천안시 두정동 1843	041)551 - 0420
충 남	충남남부장애인종합복지관	충남 공주시 계룡면 기산리 627 - 1	041)856 - 7071 - 2
충 남	충남서부장애인종합복지관	충남 보령시 주교면 관창리 397 - 4	041)934 - 7230
충 남	홍성장애인종합복지관	충남 홍성군 홍성읍 옥암리 62 - 8	041)634 - 0267
충 남	금산다락원 - 장애인의 집	충남 금산군 금성면 양정리 68 - 9	041)750 - 4551
전 북	군산장애인종합복지관	전북 군산시 산북동 3612 - 4	063)466 - 7981 - 2
전 북	남원시장애인종합복지관	전북 남원시 이백면 남계리 343 - 3	063)635 - 1544
전 북	무주종합복지관	전북 무주군 무주읍 당산리 628	063)322 - 1252
전 북	익산시장애인종합복지관	전북 익산시 인화동1가 179번지	063)837 - 7300
전 북	전북도립장애인종합복지관	전북 전주시 완산구 효자동3가 1215 - 21	063)222 - 9999
전 북	전주장애인복지관	전북 전주시 완산구 평화동1가 599 - 1	063)229 - 0061
전 북	정읍시장애인종합복지관	전북 정읍시 수성동 965 - 1	063)532 - 0700
전 남	광양시장애인종합복지관	전남 광양시 덕례리 1724 - 3	061)761 - 4438
전 남	덕산종합복지관	전남 담양군 금성면 금성리 산 16 - 1	061)382 - 4548
전 남	명도복지관	전남 목포시 산정2동 225 - 54	061)279 - 4879
전 남	목포시장애인복지관	전남 목포시 산동 803 - 3	061)285 - 2811
전 남	무안군장애인복지관	전남 무안군 무안읍 교촌리 463	061)454 - 4560
전 남	순천시장애인종합복지관	전남 순천시 서면 동산리 387 - 1	061)755 - 4450
전 남	전남장애인종합복지관	전남 나주시 삼영동 635 - 9	061)332 - 4104

지 역	복지관명	주 소	전화번호
전 남	해남군장애인종합복지관	전남 해남군 해남읍 고도리 44 - 2	061)536 - 6311 - 2
전 남	영암군장애인복지관	전남 영암군 영암읍 춘양리 525	061)471 - 1717
전 남	구례군장애인복지관	전남 구례군 구례읍 백련리 576	061)780 - 2593
경 북	경북장애인종합복지관	경북 안동시 북후면 도촌리 846 - 1	054)858 - 7283
경 북	경주시장애인종합복지관	경북 경주시 황성동 792 - 1	054)776 - 7522 - 5
경 북	구미장애인종합복지관	경북 구미시 형곡동 692	054)457 - 3172 - 3
경 북	문경시장애인종합복지관	경북 문경시 모전동 214 - 1	054)556 - 0042
경 북	상주시장애인종합복지관	경북 상주시 만산동 60 - 2	054)534 - 6933 - 5
경 북	영주시장애인종합복지관	경북 영주시 영주1동 479 - 1	054)633 - 6415
경 북	영천시장애인종합복지관	경북 영천시 야사동 280 - 2	054)333 - 3535
경 북	포항시장애인종합복지관	경북 포항시 남구 해도2동 181 - 1	054)282 - 4009
경 북	김천시장애인복지관	경북 김천시 대광동 1318 - 21	054)434 - 2400
경 남	경남장애인종합복지관	경남 창원시 봉곡동 179 - 1	055)237 - 2223 - 4
경 남	마산시장애인복지관	경남 마산시 신월동 29 - 161번지	055)247 - 5194
경 남	진주시장애인종합복지관	경남 진주시 상대동 33 - 119번지	055)763 - 6677
경 남	진해시장애인복지관	경남 진해시 풍호동 1번지	055)540 - 0232
경 남	창원시장애인종합복지관	경남 창원시 봉곡동 180 - 6	055)237 - 6485
경 남	김해시장애인종합복지관	경남 김해시 삼계동 32번지	055)314 - 7113
제 주	서귀포시장애인종합복지관	제주도 서귀포시 토평동 1919 - 3	064)732 - 2353
제 주	제주도농아복지관	제주도 제주시 외도1동 1633	064)711 - 9094
제주	제주도장애인종합복지관	제주도 제주시 아라동 396 - 1	064)702 - 0295
제주	제주시각장애인복지관	제주도 제주시 월평동 420 - 1	064)721 - 1111
제주	탐라장애인종합복지관	제주도 제주시 이도1동 1660	064)722 - 9990

7. 장애인복지 관련 정부부처 연락처

기 관 명	국 · 과	전화번호	모사 · 통신
보건복지부	장애인복지심의관 장애인제도과	02) 503 - 7567 02) 2110 - 6241	02) 503 - 7899
	재활지원과	02) 503 - 8500 02) 2110 - 6252	
교 육 부	학교정책심의관 특수교육정책과	02) 720 - 3444	02) 739 - 9164
노 동 부	고용총괄심의관 장애인고용과	02) 2110 - 7085∼6	02) 507 - 6944

8. 장애진단방법, 장애인등록절차

주민등록증, 도장, 증명사진(반명함판) 2매를 첨부하여 관할 읍, 면, 동 사무소에 장애진단신청 → 읍, 면, 동에서 장애진단의뢰서 발급 → 장애 진단의료기관을 방문하여 장애진단 실시 → 장애진단서 읍, 면, 동사무 소에 송부 → 읍, 면, 동사무소에서 검토 → 장애인등록증 교부

9. 참고site

1. 파라다이스 복지재단 http://paradise.or.kr
2. 아이소리 http://isori.net
3. 서울시사회복지협의회: http://www.s－win.or.kr
4. 볼런티어21: http://www.volunteer21.org
5. 한국사회복지관협회: http://www.kaswc.or.kr
6. 한국사회복지협의회: http://www.bokji.net
7. 한국사회복지사협회: http://www.kasw.or.kr
8. 국립특수교육원 http://www.kise.go.kr
9. 일산직업전문학교 http://www.ilsan.or.kr
10. 한국청각장애인봉사센터 http://deaf.kobis.net
11. 한국장애인고용촉진공단 http://www.kepad.or.kr
12. 한국지체장애인협회 http://www.kappd.or.kr
13. 한국장애인복지관협회 http://www.hinet.or.kr
14. 한국통합교육연구회 http://www.inclusion.co.kr
15. 특수교사놀이연구회 http://www.nolgi.org

16. 서울경인특수학급교사연구회 http://www.tesis.or.kr
17. 이루다아동발달연구소 http://www.erooda.co.kr
18. 한국장애인부모회 http://www.kpat.or.kr
19. 한국장애인복지시설협회 http://www.kawid.or.kr
20. 장애우권익문제연구소 http://www.cowalk.or.kr
21. 에이블뉴스 http://www.abledata.co.kr
22. 한국여성장애인연합 http://www.kdawu.org

한국학교사회복지사협회

학교사회복지는 학생을 중심으로 생각합니다.
학교와 함께 행동합니다.
가정의 변화를 추구합니다.
지역사회를 연계합니다.

학교사회복지는

학교에서 일어나는 학생의 문제들을 학생-학교-가정-지역사회의 연계를 통해서 예방하고 해결하는 것은 물론, 모든 학생이 자신의 잠재력과 능력을 최대로 발휘할 수 있도록 좋은 교육환경과 공평한 교육기회를 제공하게 합니다. 학교사회복지는 궁극적으로 교육의 본질적인 목적을 달성하고 또한 학생복지를 실현할 수 있도록 돕는 교육기능의 한 부분이며 사회복지의 전문분야입니다.

한국학교사회복지사협회는

학교사회복지에 관한 전문적 기술과 지식의 개발, 보급, 실천을 통해 학생과 아동·청소년들의 복지를 증진하고 학교를 둘러싼 각종 병리현상들을 해결하는 것을 목적으로 지난 2000년에 설립된 단체로서 학교사회복지사를 교육·육성하여 학교 교육현장 내에서 어려움을 겪는 학생들을 위해 다양한 문제 해결방법들을 통해서 학생들이 문제를 해결하여 원만한 학교생활을 할 수 있도록 돕고자 합니다.

주요사업으로는

(1) 교육 및 연수사업: 학교사회복지사들의 전문성 향상을 위한 교육 및 연수
(2) 연구사업: 학생복지 향상 및 학교사회복지 제도화를 위한 각종 연구
(3) 홍보출판 사업: 학교사회복지 홍보 및 출판
(4) 지역 네트웍 사업: 협회 지회 조직 및 학생복지를 위한 자원망 형성을 통한 실천 현장에의 제공
(5) 학교사회복지 실천 사업: 전문적인 학교사회복지 실천 사업 등을 수행

한국학교사회복지사협회

경기도 고양시 일산동구 중산동 1571-2 태종빌딩 504호

Tel. 031-976-7942 / Fax. 031-976-7947

재단법인 파라다이스 복지재단

재단법인 파라다이스 복지재단은 기업의 사회적 책임과 역할을 강조하는 파라다이스 그룹의 창업이념에 따라 1994년 설립되어 더불어 살아가는 공동체의 실현과 기업 이윤의 사회 환원을 위해 전력하고 있습니다. 기업의 공익재단으로서는 유일하게 장애아동의 복지를 전문적으로 지원하는 파라다이스복지재단은 장애아동의 삶의 질 향상이라는 기본 목표를 향해 구체적이고 보다 질 높은 서비스 제공에 최선을 다하고 있습니다.

장애복지사업
풀뿌리단체지원, 장애·비장애 통합프로그램지원 및 통합캠프지원, 장애 예방과 재활사후관리지원, 몽골 특수교육지원, 파라다이스덴탈캠프, 실명예방재단지원

전문가 교육 및 학술연구사업
교육용 콘텐츠 연구·개발, 진단평가 도구 개발, 학술 및 현장연구지원, 전문가 해외연수, 대학생국외연수

표창사업
파라다이스상, 우경장한학생상

아리소리넷
온라인 커뮤니티 운영, 장애 아동 치료 및 교육자료 보급

장애학생의 대인관계 향상을 위한 프로그램 메뉴얼

"(친구들과)함께, (학급원들과)또 함께"

- 초판 인쇄　2007년 10월 30일
- 초판 발행　2007년 10월 30일

- 지 은 이　한국학교사회복지사협회　　PARADISE 파라다이스 복지재단
- 펴 낸 이　채종준
- 펴 낸 곳　한국학술정보㈜
　　　　　경기도 파주시 교하읍 문발리 526-2
　　　　　파주출판문화정보산업단지
　　　　　전화　031) 908-3181(대표) · 팩스　031) 908-3189
　　　　　홈페이지　http://www.kstudy.com
　　　　　e-mail(출판사업팀사업부)　publish@kstudy.com
- 등 록　제일산-115호(2000. 6. 19)
- 가 격　16,000원

ISBN　978-89-534-7759-9 93330 (Paper Book)
　　　　978-89-534-7760-5 98330 (e-Book)